Zé Melancia

Biblioteca de cordel

Zé Melancia

Introdução e seleção
Martine Kunz

São Paulo 2005

Direitos autorais © Herdeiros de José da Rocha Freire, 2005
Direitos desta edição © Hedra, 2005

Capa
Júlio Dui
sobre xilogravuras de José Lourenço

Projeto gráfico e editoração
Hedra

Revisão
André Fernandes

Direção da coleção
Joseph Maria Luyten

Dados Internacionais de Catalogação na Publicação (CIP)
(Câmara Brasileira do Livro, SP, Brasil)

José da Rocha Freire, (Zé Melancia) 1909-1977.
José da Rocha Freire, (Zé Melancia) / introdução e seleção Martine Kunz
— São Paulo: Hedra, 2005. — (Biblioteca de cordel)

Bibliografia.
ISBN 85-7715-013-5
1. Zé melancia. 2. Literatura de cordel - Brasil 3. Literatura de cordel — Brasil — História e crítica
I. Kunz, Martine. II. Título. III. Série.

00-4687   CDD-398.20981

Índices para catálogo sistemático:
1. Brasil: Cordelistas: Biografia e obra: Literatura folclórica 398.20981
2. Brasil: Literatura de cordel: História e crítica: Folclore 398.20981

[2005]
Direitos reservados em língua portuguesa
EDITORA HEDRA
rua fradique coutinho, 1139 - subsolo
05416-011 São Paulo - SP - Brasil
telefone/fax: (011) 3097 8304
editora@hedra.com.br
www.hedra.com.br

Foi feito o depósito legal.

Biblioteca de cordel

A literatura popular em verso passou por diversas fases de incompreensão e vicissitudes no passado. Ao contrário do que ocorre em outros países, como o México e a Argentina, onde esse tipo de produção literária é normalmente aceita e incluída nos estudos oficiais de literatura — por isso poemas como "La cucaracha" são cantados no mundo inteiro e o herói do cordel argentino, Martín Fierro, se tornou símbolo da nacionalidade platina —, as vertentes brasileiras passaram por um longo período de desconhecimento e desprezo, devido a problemas históricos locais, como a introdução tardia da imprensa no Brasil (o último país das Américas a dispor de uma imprensa), e a excessiva imitação de modelos estrangeiros pela intelectualidade.

Apesar da maciça bibliografia crítica e da vasta produção de folhetos (mais de 30 mil folhetos de 2 mil autores classificados), a literatura de cordel — cujo início remonta ao fim do século XIX — continua ainda em boa parte desconhecida do grande público, principalmente por causa da distribuição efêmera dos folhetos. E é por isso que a Editora Hedra se propôs a selecionar cinqüenta estudiosos do Brasil e do exterior que, por sua vez, escolheram cinqüenta poetas populares de destaque e prepararam um estudo introdutório para cada um, seguido por uma antologia dos poemas mais representativos.

Embora a imensa maioria dos autores seja de origem nordestina, não serão esquecidos outros pólos produtores de poesia popular, como a região sul-riograndense e a antiga capitania de São Vicente, que hoje abrange o interior de São Paulo, norte do Paraná, Mato Grosso, Mato Grosso do Sul, parte de Minas Gerais e Goiás. Em todos esses lugares há poetas populares que continuam a divulgar os valores de seu povo. E isso sem nos esquecermos do Novo Cordel, aquele feito pelos migrantes nordestinos que se radicaram nas grandes cidades como Rio de Janeiro e São Paulo. Tudo isso resultará em um vasto panorama que nos permitirá avaliar a grandeza da contribuição poética popular.

Acreditamos, assim, colaborar para tornar mais bem conhecidos, no Brasil e afora, alguns dos mais relevantes e autênticos representantes da cultura brasileira.

Dr. Joseph M. Luyten

Doutor pela USP em Ciências da Comunicação, ex-professor visitante da Universidade de Tsukuba (Japão) e da Universidade de Poitiers (França), onde ajudou a organizar o Centro Raymond Cantel de Literatura Popular Brasileira. Autor de diversos livros e dezenas de artigos especializados sobre literatura de cordel, possui mais de 15 mil folhetos e coletou acima de 5 mil itens bibliográficos sobre literatura de cordel em âmbito mundial. Atualmente leciona Folkmídia, em nível de pós-graduação, na Universidade Metodista de São Paulo (UMESP) e na Unisantos.

Sumário

Zé Melancia 9

Galope por dentro do mar nos peixes nos pássaros do mar na jangada 53
Canoa Quebrada 65
Biografia de Canoa Quebrada 69
História da fundação do labirinto de 1850 e começo 79
Ganha-pão 87
Primeira história da lagosta 91
Raid dos pescadores cearenses. Dia 8 de dezembro de 1967 105
Naufrágio de Jerônimo, em 1865, no dia 16 de novembro, com 64 anos de idade, no mar de Fortaleza 113
Dragão do Mar – Filho de Canoa Quebrada 131
Canção da vida do pescador – Música da Triste Partida do sertanejo para São Paulo – Letra de José Melancia 137
Teimosia sobre o sol e a felicidade que não chega para o pobre quando chega ele morre nesse dia 141
A embolada da corrupção, dos escândalos, da carestia, do uso que vem prejudicando a pobreza e o mundo inteiro já é o começo das dores 134
Estrela do mar 155

ZÉ MELANCIA

Falo de uma terra de sol. Canoa Quebrada. Onde o infinito vaza suas águas no quadro estreito da janela, e o sol debulha as horas, iguais. O tempo desmancha nuvens, imateriais, e a linha do horizonte perde-se, golpeada pela luz. Velas ao longe deslizam na manhã. O barro bruto dos barrancos vermelhos recorta o céu, o mar. Azuis. Verdes.

Ficamos incertos. Parece que a terra começa e termina aqui, sentimos a nossa vida fugitiva mas com sabor de eternidade, e não sabemos mais se essa praia roída de sal, queima ou acaricia. Procuramos a borda de espuma para refrescar a sola do pé. Orla feminina do grande corpo movediço, abraçado com a brisa na dança imemorial de marés altas e baixas. É nessa ópera do tempo, do vento e do mar que vibra o canto polifônico, vigoroso e saudoso, dos amigos do poeta que se foi.

Falo do poeta pescador. Zé Melancia.

Juntamos com paciência e persistência rastros e reflexos, imagens e versos, folhas soltas e palavras-âncora, como fragmentos esparsos do espelho espedaçado deixado pelo mar, olhos d'água cravados na areia. Juntamos para recompor o rosto forte, esculpido pelo vento, determinado e voluntário, olhar de frente, como rochedo emerso, reluzente farol e pedra da saudade: o retrato de Zé Melancia.

Uns disseram a cor dos olhos ou evocaram a mãe parteira, outros me confiaram seus acervos particulares, poemas esparsos, folhas datilografadas, preciosidades. Uns decoraram versos, outros contaram anedotas, pequenas coisas e grandes feitos, palavra dita ou escrita, lembrança muita, lembrança pouca, o canto geral é que ficou bonito. É o hino entoado pela memória profunda que, ainda e sempre, o poeta desperta nos homens. Esse coro coletivo, espontâneo, ampliou as emoções e tornou-se personagem ativo na busca do passado. São eles, na desordem dos encontros: Zé Correia (José Correia Calixto Lima), Júlio Bravo Neto, Quinha (Francisca Freire dos Santos), João Dimas da Silva, Roberto Gaspar, Olavo Freire de Andrade, Álvaro de Castro Freire e Kátia Moreno Freire, Raimundo Rocha Freire, Eurilene Campanella, Namundo (Raimundo Freire dos Santos), Babuda (Nizete Alves dos Santos), Niciano Alves dos Santos, Vaninho (Evandro Santos de Oliveira), M. Tereza Calixto Pinheiro, Zé Lima (José Santana de Sena Lima), Tibiro (Genésio dos Santos Caraço), Eulina Freire dos Santos, Nanô (M. Leonor dos Santos Moura), Valdenia Barqueiro dos Santos, Agripina dos Santos Freire, Lourdinha (M. de Lourdes da Rocha Freire), Arnaldo Oliveira dos Anjos, Juvência Honorato dos Santos, Álvaro de Carvalho e Tereza Lopes, Tereza H. de Alencar Cunha, Nice (Maria de Castro Firmeza) e João Batista de Oliveira.

A todos, meus agradecimentos.

Agradecimentos especiais:

Ao LEO, Laboratório de Estudos da Oralidade – UFC/UECE – Fortaleza – CE.

Ao Instituto José Freire d'Andrade – Aracati – CE.

À colaboração atenciosa de:

Myreika Falcão, coordenadora executiva do Museu da Imagem e do Som – Fortaleza – CE.

Madalena Figueiredo, bibliotecária da Biblioteca Pública Menezes Pimentel e coordenadora da Biblioteca da Academia Cearense de Letras.

À hospitalidade dos amigos de Canoa:

Toinho Correia e Araceli.

Amigo dai-me atenção
Para um poeta de classe
Que no Ceará só nasce
Outro de igual perfeição
Já virei a profissão
Da arte da cantoria
E conheço a poesia
Com toda forma educada
Moro em Canoa Quebrada
Sou eu José Melancia[1].

José da Rocha Freire nasceu em Canoa Quebrada, distrito de Aracati, Ceará, no dia 14 de agosto de 1909. Raras vezes se afastou de sua aldeia, onde faleceu no dia 9 de março de 1977. Ficou conhecido como Zé Melancia ou simplesmente Melancia. Os pais eram Manuel da Rocha Freire ou Manuel Melancia, pescador, e Rosa Nunes Carneiro, Mãe Rosa, "labirinteira, parteira, curandeira, tudo isso aí, antes dela morrer ela tinha pegado mil duzentos e tantos meninos. Nunca morreu uma mulher..."[2]

[1] In: *Búzios e conchas de um poema*, Fortaleza, Gráfica Editorial Cearense, 1978. Coletânea de poemas de Zé Melancia, organizada por Julio Bravo, amigo da família, a partir dos textos do poeta que tinham sido datilografados por Hélio Barros. A edição póstuma, em formato de folheto, com 22 páginas, visava a arrecadar recursos para ajudar a viúva do poeta que estava passando por necessidades. Os títulos da coletânea e das peças que a compõem são da responsabilidade do organizador. O poema citado é *Autoapresentação*, s/d.

[2] Depoimento de Zé Melancia em entrevista realizada por Oswald Barroso e Edvar Costa, Canoa Quebrada, maio de 1976. A preciosa pesquisa de campo, realizada pela equipe do Projeto de Literatura de Cordel da Secretaria de Cultura, Desporto e Promoção Social do Ceará, consta do acervo do Museu da Imagem e do Som, em Fortaleza (fitas-cassete 7000430 e 431 e respectivas transcrições). Daqui para frente, qualquer depoimento de Zé Melancia remete a essa única entrevista do poeta de que dispomos, não havendo mais necessidade de uma nota de referência. Além da entrevista

Nascido de Mãe Rosa, o menino veio à luz no roçado. O apelido nasceu junto. Foi assim, diz Raimundo Rocha Freire[3], ao recordar as histórias que o pessoal da praia contava: a mãe do Zé, grávida do Zé, foi para o roçado plantado de melancias. Quando chegou lá, sentiu as dores, nasceu o Zé. Quem estava com ela, voltou ao povoado para pedir ajuda. Mãe e recém-nascido foram carregados na mesma rede, até a aldeia. O menino comprido envolto num saco, feito melancia. De lá o apelido. Havia também quem comentasse, com um pouco de malícia, que a barriga de dona Rosa parecia melancia, alguns pendiam para a melancia redonda, outros diziam que era comprida mesmo. Dona Lourdinha[4], filha de Raimundo Melancia, pescador, poeta também e irmão mais velho de Zé Melancia, repete o que ouviu de outros: "chamava Melancia porque a família inteira gosta de melancia, a melancia, a fruta. Isso vem dos velhos até hoje, a gente não pode ver uma melancia num canto que a gente compra pra comer, a gente gosta". O certo é que o apelido pegou e ficou, ele se estendeu à família toda e teve até efeito retroativo sobre o pai do menino. A minha busca em torno do termo me tinha levado primeiro a interpretar a alcunha a partir da leitura de documentos impressos. Tinha encontrado na *Terra aracatiense*, de Abelardo Costa Lima, cuja primeira edição data de 1941,

---

de Zé Melancia, os pesquisadores leram em voz alta, na presença do poeta, vários de seus textos, a maior parte inéditos. Os títulos que compõem a antologia provêm dessa fonte oral que consideramos segura, e cuja leitura foi homologada pelo autor enquanto vivo. Recorremos também aos acervos pessoais que nos foram emprestados por amigos e familiares de Zé Melancia. Retomamos, enfim, alguns dos poucos textos encontrados, já publicados anteriormente.

[3] Raimundo Rocha Freire entrevistado pela autora, Córrego da Nica, Aracati, 7/7/2002.

[4] Maria de Lourdes da Rocha Freire entrevistada pela autora, Canoa Quebrada, 7/7/2002.

a relação de núcleos de povoação e de praias do município de Aracati. Melancias era apontada como uma das mais prósperas localidades praieiras, situada na faixa litorânea que se estende da Ponta Grossa ao Morro de Tibau, nas fronteiras do Rio Grande do Norte. Pensando no uso que consiste em acrescentar o topônimo ao nome próprio, a ponto de perder de vista e de memória o nome de família, como, por exemplo, Rouxinol do Rinaré ou Patativa do Assaré, emprestei logo ao poeta ancestrais que teriam vindo de Melancias para Canoa. O fato de ter chegado às minhas mãos o folheto *Lágrima de mãe*, registrando na capa *Vulgo Melancias*, logo abaixo do nome de nosso autor, reforçou a minha suposição. Mas o escritor Eduardo Campos[5], que o conheceu, afirma que o pai do poeta, o velho Melancia, veio de Orós, e que foi lá mesmo que ele aprendeu a pescar.

Fico então com Zé Melancia, a criança alva nascida aos pés de uma planta de origem africana e que chegou ao seu reinado, balouçante, numa carruagem indígena. Fico com a fruta, enorme, cheia de suco. Casca verde, polpa vermelha, sementes negras, saturada de cores. Refresca a vista por fora, mata a sede por dentro. Escolho o mistério dessa fruta que se bebe.

Outra dúvida em torno do nascimento do filho ilustre de Canoa Quebrada. Segundo Julio Bravo, amigo fiel do poeta e de sua família, Zé Melancia afirmava ter nascido no mesmo dia que Napoleão I; nesse caso, um quinze de agosto. Um dia a mais, um dia a menos, seja como for, o Bonaparte agradece e revolve suas cinzas de satisfação. Honrado, o imperador vê seu nome associado ao do "pescador, construtor de jangadas, cantador, estatístico de pes-

---

[5] Eduardo Campos, "O cantador José da Rocha Freire, Vulgo Zé Melancia", In: *Cantador, Musa e Viola*, Rio de Janeiro, Ed. Americana, Brasília, INL, 1973, p. 51.

Capas de edições originais de folhetos de Zé Melancia.

As boldas de ouro de 1924 que fala na cheia passada e na presente 1974

Em verssos da autoria do poeta
José Melancia — Canoa Quebrada
Abril de 1974

ca, presidente da colônia Z-10 durante quatorze anos, poeta popular e líder incontestе em Canoa Quebrada"[6]. De repente, é levado a sonhar com a rara beleza de imensas dunas, emoldurando uma pequena aldeia de homens corajosos, pescadores de peito desarmado, conquistadores de mares e não de nações, mestres de jangadas que nunca foram à guerra. Se o tempo for bom, ainda se pode avistar, de seu *Hôtel des Invalides*, as torres das igrejas e os sobrados de azulejos de uma cidade não muito distante, que já foi "a mais civilizada do Ceará" segundo João Brígido, e cujo sítio histórico é hoje patrimônio nacional de um belo país chamado Brasil. É Aracati, sede do município, filha do pequeno arraial de São José do Porto dos Barcos do Jaguaribe, cuja criação espontânea situa-se entre 1623 e 1654, segundo Costa Lima.

Aracati: o nome tupi é pura poesia. Aragem cheirosa e tempo bom que leva para longe as querelas dos etimologistas a respeito da origem da palavra. Vento muito e rajada forte que trouxe a bonança para Santa Cruz do Aracati, tornada vila em 1748, e cujo esplendor que remonta ao século XVIII, estendeu-se até o século seguinte. Quando "o charque, o couro e o algodão tornaram-se os produtos fundamentais na economia cearense, aliados ao comércio e às atividades agropastoris. Nas antigas oficinas, charqueadas ou feitorias, localizadas próximas aos rios, o gado abatido era transformado em carne seca salgada e couro tratado, destinados a exportação. Desse modo, formaram-se pontos iniciais de comercialização, surgindo currais e núcleos de moradores; deles se originaram as

---

[6] Cf. *O Povo*, 22/2/1978, matéria de Antônio Figueiredo Monteiro, na época, correspondente do jornal em Aracati.

primeiras vilas"[7]. Assim aconteceu. Do gado, do algodão e das atividades comerciais e industriais, nasceu e floresceu Santa Cruz do Aracati, a maior das vilas da capitania do Ceará, às margens do rio Jaguaribe, que nasce nos Inhamuns e corta o município de norte a sul. A 18 kilômetros de lá, na foz do rio, o porto marítimo de Fortim já abrigou embarcações de nacionalidade estrangeira e de grande calado, levando carga para Europa. Opulência de outrora. O rio desconhece a serenidade. De seu leito obstruído pelas areias ou do tumulto de suas águas, ressurge, de vez em quando, a memória indígena de seu nome, rio das onças, de águas valentes, invencíveis, imprevisíveis. O rio foi o caminho dos colonos e das manadas de gado, o rio também corta os caminhos. Quando as águas crescem, transbordando margens, em cheia que devasta plantações, modifica os ancoradouros desprotegidos, afugenta navios e peixes.

Aracati, vento que cheira, vento que anda, ronda o planeta, acorda de vez Napoleão Bonaparte para que o soldado atrevido reverencie marujos afoitos, filhos de Canoa, como o Chico da Matilde, o Dragão do Mar. O general leva um susto ao saber que, em 1884, esse herói da abolição da escravatura negra no Ceará, Francisco José do Nascimento, teve um companheiro de luta, um negro liberto por compra de sua própria carta de alforria, chamado José Luiz Napoleão. Mas são outras histórias...

Deixemos de vez o imperador na paz cerrada de seu túmulo. Seguimos caminho. Procuramos as trilhas que levam de Aracati à Canoa Quebrada de Zé Melancia[8].

---

[7] Cf. *Aracati patrimônio de todos*, Fortaleza, IPHAN, 2000, p. 5.
[8] Fui a Canoa, pela primeira vez, em 1979, a passeio. Hoje, minha memória, imaginação e simpatia pelo lugar não teriam sido suficientes para reconstituir a Canoa de quase 30 anos atrás, quando Zé Melancia ainda era vivo. Devo muito ao livro de Wanda Figueiredo, *aqui canoa quebrada* (edição da autora,

São 12 kilometros até lá, e uma volta ao tempo de quase 30 anos atrás. Partindo de Aracati, pegava-se a via asfaltada que liga ainda hoje Majorlândia à sede do município, e depois uma estrada precária que parava de repente, no meio do tempo, em frente a dunas incontornáveis. Era preciso então continuar a pé. Menor a carga, melhor, pois o chão de areia se desfazia a cada passo e o sol estorricava a face do mundo. Parecia que se subia ao céu, não havia sinal de vida. Só no topo descobriam-se as casas, quase todas de taipa e cobertas com folhas de palmeiras. Em baixo, ao longe, o mar. Em 1976, eram 1240 habitantes e 163 casas, sem banheiro nem fossa. As pessoas faziam suas necessidades entre as dunas ou nas barreiras e o banho era de cuia, ao ar livre. "Destituído da grande maioria dos serviços urbanos, como pavimentação, água encanada e esgotos, o povoado possui como benefícios públicos apenas um

---

Rio, 1979), que retrata a vida de Canoa a partir do depoimento de seus moradores. Sua pesquisa foi realizada em agosto de 1978, portanto mais de um ano após o falecimento de Zé Melancia (9 de março de 1977). Realizei também uma série de entrevistas com parentes, amigos e admiradores de Zé Melancia, no decorrer de 2002. Consultei a dissertação de Mestrado em Sociologia de Carlos Alberto Marinho Cirino (1990), intitulada *Pescadores em terra "o caso Canoa Quebrada"*. A pesquisa realizada em 1983 analisa o processo de mudança ocorrido em Canoa Quebrada entre 1970 e 1990. Registramos mais uma vez o valioso apoio da pesquisa de campo realizada por Oswald Barroso e Edvar Costa (1976). Soubemos de outra pesquisa feita nos anos 1966/1967 por uma equipe de antropólogos da UFC, dirigida por Hélio Barros e intitulada "Projeto de Pesquisa de Áreas Pesqueiras Litorâneas, da Universidade Federal do Ceará, Instituto de Antropologia do Departamento de Ciências Sociais e Filosofia da Faculdade de Filosofia, Ciências e Letras". Em 1978, Wanda Figueiredo já tinha ido à procura das informações coletadas, mas os dados levantados se achavam com Hélio Barros nos Estados Unidos. O mestrando Carlos Alberto Marinho Cirino, por seu lado, lamentou que a maior parte dos resultados dessa pesquisa nunca tivesse sido colocada ao alcance da comunidade acadêmica. Fizemos a nossa tentativa. O próprio Hélio Barros de passagem em Fortaleza, em outubro de 2002, nos informou que tudo havia sido destruído pelo fogo.

chafariz, um televisor a bateria e um pequeno grupo escolar. Só agora foram iniciadas as obras visando [a] dotar o povoado de energia elétrica"[9].

Quase todos os homens eram pescadores, jangadeiros e filhos de jangadeiros. Havia alguns roçados de melancia, feijão, milho, mandioca, mas a agricultura não chegava a constituir uma fonte de subsistência. Era fato que quando não se pescava, muita gente não comia: "só como peixe é de manhãzinha peixe de tarde peixe o açougue aqui é o mar", declarava Manoel[10], marido de Albertina. Peixe, farinha, água e sal não podiam faltar. Portanto, pescar era preciso.

O lugar amanhecia muito cedo. Homens e mulheres nas suas atividades respectivas, tradicionais, seculares, cujo aprendizado se fazia de geração em geração. Ofício herdado. Pescadores e labirinteiras, eles no mar, elas na terra.

Cada dia, eles partiam, Ulisses anônimos de uma *Odisséia* sem relato. Era um tipo de pesca artesanal, ainda praticada hoje, de linha ou de rede, em jangada de piúba para pescaria maior, fora da risca, e botes a vela, bateira ou paquete para pesca costeira. A jangada era dessas que o carpinteiro Zé Melancia sabia fazer, a madeira vinha do Pará e aportava em Areia Branca, no Rio Grande do Norte: "Jangada de piúba é que é jangada, o sujeito agüenta chuva, agüenta tudo, o sujeito vai sofrendo, é um peregrino".

Em muitos cantos querem ver
Cinco homens em uma jangada

---

[9] Cf. Oswald Barroso, "O labirinto em Canoa Quebrada", in: *Caderno de Cultura*, Fortaleza, Secretaria de Cultura e Desporto do Estado do Ceará, Ano I, Nº1, Junho de 1979.
[10] Depoimento colhido em *aqui canoa quebrada*. Respeitamos a organização tipográfica do texto de Wanda Figueiredo, sem maiúsculas, sem pontuação, com espaços brancos marcando silêncios.

Porque sendo de piúba
É coisa muito admirada
Porque não se vê conforto
Nem tem abrigo de nada[11].

A jangada é de origem tupi, é a piperi ou igapeba indígena, as "três traves, atadas entre si" a que Pero Vaz de Caminha chamou de *almadia* em 26 de abril de 1500. Desde os primeiros dias do descobrimento, observadores, viajantes e cronistas atestam sua presença. O nome definitivo viria depois, trazido das Índias Orientais e divulgado pelos portugueses. A embarcação é tupi, o vocábulo é malaio, a ousadia é nordestina, de quem se joga ao mar, em jangadas feitas de cinco ou seis paus roliços, sem prego ou ligação de metal, sem abrigo contra o sol, a chuva, a noite. De longe, só se vê a vela branca, triangular, deslizando no mar, asa de pássaro a roçar a bochecha do céu. É quase irreal, não se vêem os homens, não se vê a faina. Não se vê o anzol na ponta da linha, nem a espera do pescador, a espera tranqüila e taciturna de quem sabe que "Quem vive do mar morre nele", como já sentenciou Câmara Cascudo.

É na volta da pescaria, depois do peixe descarregado, atirado na areia, contado, vendido ou levado para casa, quando a velha jangada de piúba é encalhada na praia, que dá para ver seu feitio. O casco de seis toros que são, de fora para dentro, duas mimburas bojudas, arqueadas, dois bordos e dois meios. Para *pesca de fora*, em alto mar, é essa que vai. Mais próximo à praia, na *pesca de terra*, é a jangada de cinco paus, um meio a menos. Na proa, há dois tor-

---

[11] *Raid dos pescadores cearenses, dia 08 de dezembro de 1967*, acervo do MIS, Fita 7000430, s/d.

nos enterrados a bombordo, os toletes, para amarrar a poita que prende o tauaçu, quando o arreiam para fundear. O tauaçu é a âncora de pedra, a poita é a amarra de corda. Próximo está o banco de vela, feito de duas tábuas de cajueiro, macio e resistente. A tábua de cima tem um buraco no meio, a enora, pelo qual é enfiado o mastro. A carlinga, parte inferior do banco, tem vários orifícios, num dos quais assenta o mastro. É o vento e a ciência do mestre que dizem o lugar certo, o furo bom e o furo ruim. Logo depois do banco de vela, atravessando os meios, a tábua da bolina vale como quilha. É ela que impede a jangada de virar. Em seguida, os espeques, armação de vários paus, onde ficam dependurados os utensílios jangadeiros. Depois, ainda, o banco de governo onde senta o mestre, pois é ele que segura o remo de governo, o leme que imprime o rumo da jangada. Enfim, cravados nos bordos, dois tornos fortes chamados calçadores, que servem para segurar a escota[12].

Até meados do século XX, a jangada seguia esse padrão de construção, quando começou a ser substituída pela jangada de tábuas, de forma oca e mais resistente. Ontem e hoje, são embarcações frágeis que se movem com a força dos ventos, sem a tecnologia dos barcos que pertencem aos grandes armadores e indústrias de pesca. A sabedoria do jangadeiro permanece um longo diálogo com a natureza. O pescador Zé Melancia tinha em mente os pontos de pescaria, seu tipo de solo e vegetação submarinos, as profundidades, os peixes encontráveis e a maneira de pegá-los. Sabia

---

[12] Para saber mais sobre construção de jangadas, consultar a pesquisa etnográfica de Luís da Câmara Cascudo: *Jangada*, Rio de Janeiro, Departamento de Imprensa Nacional, 1957. O documentário gráfico de Nearco Barroso Guedes de Araújo: *Jangadas*, Fortaleza, Banco do Nordeste do Brasil, 1990, 2ª ed. O artigo de L. G. Mendes Chaves. "Pesca artesanal no Ceará: Tecnologia, Sistema Cognitivo e Relações de produção", in: *Revista de Ciências Sociais*, Fortaleza, UFC, vol.VI-Nº 1-2, 1975, pp. 5-28.

onde termina o mar e até onde ir. Determinava com precisão o rumo dos ventos. Não tinha bússola mas, por certo, conhecia as três técnicas principais de orientação no *mar de fora*: os astros, a direção das ondas e a saçanga, linha de nylon com um chumbo na ponta, para medir a profundidade do mar. Observação e memória são fundamentais tanto quanto a experiência, que permite avaliar a oscilação dos ventos. Sem vento, pode não haver retorno, a vela fica à deriva na calmaria, é a morte mansa. Mas se o vento travar uma luta com o mar, é a morte impetuosa. Peleja rotineira entre o mar que dá o pão e o mar que tira a vida.

> Jangadeiros que aprenderam
> Pescar unidos a seus pais
> Não temem monstros vorais
> Que seus pais nunca temeram
> Vocês pescando nasceram
> Nessa mesma profissão
> Tem a luta por lição
> Do mar na profundidade
> Nenhum teme a bravidade
> Lutando em busca do pão[13].

Tem de haver governo a bordo. É o mestre que controla o leme, e que manda. O proeiro toma conta da vela e pesca ao lado do mestre, na popa. O bico de proa fica perto do banco da vela, faz o fogo e cozinha para a tripulação. O rebique ajuda em qualquer tarefa. Ele fica na proa. Isso em teoria. Zé Melancia navegou em todo tipo de embarcação, mas nos seus últimos tempos de pescador, era na bateira Ocimar, um barco ligeiro de dois panos, comprado

---

[13] In: *Búzios e conchas de um poema*, Fortaleza, Gráfica Editorial Cearense, 1978. O poema citado é *Ganha-pão*.

em Macau e que pertencia a Francisco Caraço dos Santos, pai de Raimundo Caraço, o Namundo[14]. O Namundo era criança ainda quando acompanhava a tripulação no barco de seu pai. Era Vicente Tatu, Benedito Canoa, Vicente das agulhas, o maior pescador de agulhas, Manoel, pai de Vicente e Zé Melancia. Uma pescaria podia durar dois a três dias, lá na Pedra Grande, no canal de 21 ou no canal de terra com 21 e 13 braças de fundura respectivamente.

> Da vida da pesca eu tenho lembrança
> E quando criança
> Pescar me dispus
> Pensava que era coisa muito boa
> Hoje vivo à-toa
> Carregando a cruz
>
> Contava apenas dez anos de idade
> E boa vontade
> Consegui tal plano
> Enfim foi perdida essa minha conquista
> Terminei sem vista
> Pelo oceano
>
> Dei o primeiro início de contra-rebique
> Depois pra rebique
> Voltei mui ligeiro
> Fiz experiência a vida era boa
> De bico de proa
> Subi pra proeiro[15].

---

[14] Raimundo Freire dos Santos entrevistado pela autora. Canoa Quebrada, 7/7/2002.
[15] *Canção da vida do pescador*. Música da *Triste Partida do Sertanejo para São Paulo*. Letra de Zé Melancia. Acervo MIS, fita-cassete 7000430, s/d. Quantos

Nesse mar *desincerto*, que não tem cabelos onde se agarrar, mas dentes e bocas abissais, os homens de Canoa Quebrada eram conhecidos como bons pescadores, arriscavam a vida nas águas turvas, mas acertavam a cavala e a serra nas águas claras. As jangadas os levavam, velozes e dolentes, fortes e graciosas, "um bando de aves marinhas, de asas abertas, sôbre o mar aceso em chamas de alvorada[16]." Muitos homens tinham que parar cedo, pois a cegueira ameaçava, pelo sal e pelo sol, pelo fogo e pelo ar no olho nu. Tragédia de pescador que lembra a história simples e bela contada por Gustavo Barroso em *Velas brancas*. Zé Melancia saiu para pescar até o ano de 1959, mas já era praticamente cego desde 1957 e teve então que se operar de catarata. Em 1964, foi contratado pela CEPESCA como estatístico de pesca, até 1976, quando se aposentou.

As mulheres tinham fé no regresso de seus maridos. Elas repartiam o tempo entre os afazeres da casa e o labirinto, como outras mulheres de marujos, em Portugal, às margens do mesmo mar. Cedo, muito cedo, já tinham trazido latas d'água na cabeça, das bombas instaladas aos pés das barreiras, até em cima. Mais tarde, ao lado da bodega do Lourival, foi instalado um chafariz público, que, mesmo sendo insuficiente para o consumo da comunidade, foi considerado um progresso. Era uma fila longa e muitas conversas. Tinham ainda que limpar o peixe, buscar feixes de lenha no mato para fazer carvão, lavar roupa nos poços cavados com enxada na areia da praia. Tudo trabalho duro, tarefa de mulher, homem não fazia. Enquanto

---

poetas e violeiros emprestaram suas vozes ao canto dolente da *Triste Partida*! Temos que reverenciar esse encontro poético de Patativa do Assaré com Luiz Gonzaga e Zé Melancia, o sertão e o mar na mesma toada.

[16] Cf. Herman Lima, *Imagens do Ceará*, Rio de Janeiro, MEC/Departamento de Imprensa Nacional, 1958, p. 64.

isso, o tecido desfiado, preso na grade, ficava à espera do bordado, na meia-luz dos alpendres silenciosos. Elas enchiam e torciam, faziam o paleitão e outros pontos mais delicados em organdi e seda. Parcas atenciosas, não queriam cortar o fio da vida de seus pais, maridos, irmãos e filhos. Desenhavam o tempo e seus labirintos, até eles voltarem. Assim fizeram Mãe Rosa, mulher de Manuel Melancia e Maria Canoa[17], como era chamada a mulher de Zé Melancia. Até parar, como todas as outras, por causa da vista cansada. Também.

Elas tinham os filhos, muitos, e criavam os poucos que sobreviviam. Maria da Rocha Freire tinha casado no dia 15 de outubro de 1932 com o poeta. O casal teve dez filhos. Nove morreram antes de completar dois anos, vitimados de crupe. Mas Canoa era uma família só e o pescador José tinha muitas afinidades com seu santo, carpinteiro, pai adotivo de Jesus e protetor das famílias. Assim, sabemos de outros meninos criados por Zé Melancia e sua mulher, todos filhos do cunhado, *seu* Adolfo, saudoso anfitrião dos primeiros mochileiros que subiram as dunas, no final dos anos sessenta. Babuda se lembra em nome dos outros irmãos, Betinha, Neguinha e Niciano[18]: "Quando eu perdi minha mãe, fomos ser criados por ele. Ele foi um ótimo pai pra gente, nunca deixou a gente passar fome, por mais que ele fosse pobre. Sempre arrumava um jeito de ter o pão de cada dia." A única filha do casal que se salvou foi Hilda Freire dos Santos, que foi professora de escola primária no povoado e morreu de parto no dia 4 de maio de

---

[17] Maria Canoa: Maria da Rocha Freire morreu no dia 16 de janeiro de 2003 e foi enterrada no cemitério velho de Canoa, onde repousam também Zé Melancia e a filha do casal, Hilda.

[18] Babuda: Nizete Alves dos Santos entrevistada pela autora, Canoa Quebrada, maio de 2002. Betinha: Nilbete Alves dos Santos, Neguinha: Francisca Nirlete Alves dos Santos, e Niciano Alves dos Santos.

1976. A falta de assistência médica no lugar era regra. Quando a morte rondava, precisava de quatro homens se revezando para transportar o doente dentro da rede. Era o último recurso, não raro a última viagem. Muitos prefeririam apelar para as raízes salvadoras e rezas milagrosas. Mas, quando Hilda se foi, a Mãe Rosa, avó, parteira e curandeira, já não estava mais por perto.

Sem a filha, o poeta das dunas sentiu-se órfão. Menos de um ano depois, ele seguiu seu rasto.

Foi Hilda que começou a transcrever os poemas do pai, em 1951, após a publicação do primeiro folheto do poeta, já com 42 anos. Antes dessa data, nada de sua produção foi registrado e após a morte da filha, o poeta não teve tempo de aprimorar sua letra de garrancho. Conta Dona Juvência, sogra de Hilda e comadre do poeta, que "ele escrevia, mas a letra dele era garranchuda. Aí, ele fazia mentalmente e depois a filha escrevia tudo"[19]. A respeito dessa publicação inaugural, sabemos apenas que versava a história de Bernardino Fernandes Nascimento, jangadeiro cearense que participou de um *raid*, em 1928, e cujo desaparecimento em naufrágio, em 1951, num bote batizado Oriente, inspirou o poeta e amigo.

> Bernardino em vinte e oito
> Seguiu em rumo do norte
> Jerônimo e Jacaré no sul
> Todos tiveram má sorte
> E a recompensa do mar
> Foi ele lhes dar a morte[20].

[19] Juvência Honorato dos Santos, entrevistada pela autora, Canoa Quebrada, maio de 2002.
[20] *Naufrágio de Jerônimo, em 1965, no dia 16 de novembro, com 64 anos de idade, no mar de Fortaleza.* In: *Antologia da Literatura de Cordel*, Fortaleza, Secretaria de Cultura e Desporto, 1980, vol. II, pp. 52-63.

Embora soubesse ler e escrever, mesmo que com certa dificuldade, Zé Melancia se considerava analfabeto. Não freqüentou escola, a não ser durante dois meses, já com mais de 30 anos de idade, na ocasião em que um candidato alistava eleitores. "Nunca fui na escola, aprendi com o tempo." Esse fato, sem dúvida, contribuiu para dificultar o registro e a preservação da obra, assim como a avaliação de sua extensão real[21]. Sem contar que, como geralmente é o caso no tocante a produções populares desse tipo, mesmo que transcritas, a má qualidade do papel e o descaso com a conservação dos originais tornam difícil qualquer tentativa de levantamento bibliográfico mais exaustivo. Com certeza, muita coisa se perdeu. Além disso, verificamos uma grande disparidade de número, entre a quantidade de poesias inéditas e as poucas repertoriadas como publicadas. "Eu tenho muito poema bonito, é porque eu num boto a prelo." Essa escassez de títulos impressos pode explicar por que a obra não chegou aos grandes acervos do país,

---

[21] Cf. Edvar Costa, "Zé Melancia-Poeta Popular", in: *Caderno de Cultura*, Fortaleza, Secretaria de Cultura e Desporto do Ceará, Ano I, N°1, junho/1979, p. 23, e "José da Rocha Freire-Zé Melancia", in: *Antologia da Literatura de Cordel*, Fortaleza, Secretaria de Cultura e Desporto do Ceará, 1980, vol. II, pp. 50-51: a relação dos folhetos de Zé Melancia consta de 11 títulos publicados e 21 não publicados. Cf. Eduardo Campos, "O cantador José da Rocha Freire, Vulgo Zé Melancia", in: *Cantador, musa e viola*, Rio de Janeiro, Ed. Americana, Brasília, INL, 1973, pp. 49-59: o autor cita mais cinco títulos de folhetos diferentes dos já mencionados. Além dessa produção repertoriada, tem todo um conjunto de versos, cuja existência é atestada por Julio Bravo, Antônio Figueirêdo Monteiro, Roberto Gaspar, João Dimas da Silva, sobrinho de Zé Melancia e Eurilene Campanella, neta do poeta, radicada na França. Pelo que chegou em nossas mãos, trata-se de poemas inéditos, cuja estrutura não corresponde às regras de composição e editoração do folheto de 8 páginas, ou múltiplo de 8, algumas peças sendo constituídas de uma sextilha apenas. Não raro, verificamos a presença de várias transcrições de um mesmo texto, sem que fosse possível determinar se as variantes procediam do poeta ou dos transcritores. As incertezas permanecem no que diz respeito à extensão da obra.

institucionais ou particulares, e seu nome não consta do *Dicionário bio-bibliográfico de repentistas e poetas de bancada*, de Átila de Almeida e José Alves Sobrinho. São vários fatores apontados por Edvar Costa[22], que teriam dificultado o rompimento da barreira do silêncio editorial: "A circunstância de morar numa região distante de Juazeiro do Norte, maior pólo de cultura popular e de produção da poesia popular oral e escrita do Estado; a asfixiante condição de ter que arcar com os custos e a incerteza do sucesso financeiro da empreitada; a falta de tempo disponível para se dedicar à venda e distribuição dos livros; o desconhecimento dos mecanismos existentes de distribuição entre revendedores". Mesmo assim, apesar das circunstâncias adversas, Zé Melancia chegou a fazer o mesmo que vários poetas e editores do começo do século XX: na falta de gráfica especializada, recorreu a prelos e máquinas de tipografias pertencentes a jornais. Foi quando publicou em Fortaleza o livro de Bernardino, e depois o romance de *Otávio e Luiza* com a ajuda financeira do compadre Tutuca, alfaiate na Liberato Barroso. Recorreu também aos serviços da Gráfica Aracati de Abelardo Costa Lima e da Tipografia Freire e Andrade. A casa Freire atendia ao pedido de Zé Melancia não por interesse ou estratégia editorial, mas por simples amizade: Olavo Freire cuidava da publicação e ainda hoje se lembra "daqueles cangulos cheios", que Zé Melancia, "um caboclo corado, alvo, olhos azuis, forte, bem forte", trazia em forma de pagamento. Lembra também que o poeta não admitia nenhuma interferência no seu texto, tinha que ser publicado de acordo com o original. E assim faziam, respeitando a

---

[22] Cf. "Zé Melancia-Poeta Popular", in: *Caderno de Cultura*, Fortaleza, Secretaria de Cultura e Desporto do Ceará, Ano I, N° 1, junho/1979, pp. 19-23.

vontade do autor. É que, para ele que não sabia o desenho da letra em folha branca, e desconhecia o texto de chumbo preso na matriz, a palavra certa caía de sua boca, não da máquina. Sua palavra era som. A capa, precisa Olavo Freire, "era só as letras pretas, com a cercadura, e o nome do autor José da Rocha Freire-Melancia". As tiragens limitadas eram de 100, 200 exemplares e, infelizmente, poucos folhetos permaneceram para testemunhar a boa vontade da tipografia aracatiense. Para publicar, o poeta ficava dependendo da ajuda pontual de um ou de outro: prefeito, lagosteiro, dono de gráfica, amigos. A venda precária, incerta, nunca permitiu constituir um capital que assegurasse a impressão dos títulos à espera: "Eu vendo por aqui mesmo, às vezes dou a uns amigo pra espalhar por esses cantos assim, às vez vende, às vez num vende. Muitas vezes volta e eu fico com eles por aqui, vou dando, quem aparece eu dou. Mas que a mim num tem dado resultado nenhum." Em meio a tantas dificuldades evocadas e embora seja impossível para o pesquisador reconstituir, na íntegra, a trajetória poética do pescador, o povo de Canoa Quebrada não hesitava e sabia: Zé Melancia era poeta. Afinal, ele podia prescindir da escrita, pois, na comunidade, fatos e acontecimentos, estórias em prosa e em verso, tudo era memorizado e transmitido, via de regra, através da palavra oral. "É tanto que eu tenho o nome de poeta aqui porque a minha poesia num é porque eu queira não, *é o povo que diz*". A Donzela Teodora, inteligente e formosa, heroína epônima do velho romance de proveniência européia, confirma os dizeres do povo de Canoa. Interrogada sobre os signos do zodíaco pelo sábio que discute com ela, frente a El' Rei Almançor de Tunísia, ela retrata, nestes termos, quem nasceu entre 23 de julho e 22 de agosto:

Em julho governa Léo
Por um leão furado
O homem que nascer nele
Será calvo e muito honrado
Altivo de coração
Inteligente e letrado[23].

Zé Melancia não desmentiu o aviso, dedicou sua vida ao cultivo da literatura popular em verso e, hoje ainda, é lembrado por quem o conheceu, como poeta e líder de sua aldeia. Ele tinha o dom da palavra. A popularidade do amigo do povo fez com que os políticos solicitassem sua ajuda, não só como poeta, mas também como cabo eleitoral, primeiro do PSD, em 1945, e depois do golpe militar, do MDB. A experiência o deixou desgostoso e pobre como antes. Na memória de alguns, ficou registrado como único poeta pescador a se ter comunicado com autoridades políticas do Estado e até com os presidentes Kubitschek e Médici, para quem fez poesias. No dia a dia da aldeia, ninguém resolvia nada sem antes consultá-lo. A fluência verbal e o espírito elevado, a vivência de pescador e a sensibilidade de poeta aliados ao carisma e à firmeza moral o fizeram presidente da colônia de pescadores durante catorze anos. "Aqui na Canoa era muito respeitado porque ele fazia poesia, tirava os versos... E ele era um homem de vergonha, tomava conta da Canoa Quebrada, qualquer coisa que era pra resolver, ele era quem tomava a frente de tudo. Se ele fosse vivo, essa Canoa não tava assim não!" Dona Agripina[24] não é a única a lamentar a falta que fez o

---

[23] Cf. Leandro Gomes de Barros (1865-1918): *História da Donzela Teodora*, in: Luís da Câmara Cascudo, *Cinco livros do povo*, João Pessoa, Ed. Universitária UFPb, 1979, p. 152.

[24] Agripina dos Santos Freire, entrevistada pela autora. Canoa Quebrada, 5/2002.

líder, no final dos anos 70, quando Canoa teve que enfrentar a especulação imobiliária, a venda e compra frenética de retalhos do Paraíso.

> No tempo que estava vivo
> E vivia aqui com a gente
> Ninguém aqui tinha terra
> Nem atrás e nem na frente
> Mas nosso sofrer aumenta
> Porque com a sua ausência
> Querem tomar terra da gente[25].

Em *aqui canoa quebrada*, publicado em 1979, Wanda Figueiredo comenta o problema das terras que já preocupava os moradores naquela época: "o temor começava a tomar conta dos pescadores e suas mulheres temor de perder sua casinha de palha de perder a terra habitada há 328 anos pelos seus antepassados."

Melancia não presenciou a desarticulação das atividades tradicionais e sua substituição por empreendimentos comerciais trazidos pelo turismo; não conviveu com a ameaça constante de espoliação em decorrência das tentativas de loteamento. Mas deve ouvir, hoje, o barulho e o tumulto do projeto de urbanização de sua terra, e sentir o solo estremecer a toda hora, quando os *buggies* passam em rota batida na estrada que atravessa o cemitério antigo da comunidade. O velho líder se lembra então, que na sua época, os vivos cuidavam melhor dos mortos. Disse Eulina[26],

---

[25] Cf. Vaninho (Evandro Santos de Oliveira): *Canoa perde um grande poeta*, s/d. Poeta e pescador de Canoa Quebrada, Vaninho começou a escrever cordel em 1981. Nove títulos seus já foram publicados, segundo entrevista realizada pela autora, em Canoa, em maio de 2002.

[26] Eulina Freire dos Santos, entrevistada pela autora. Canoa Quebrada, 7/7/2002.

filha de Dona Maricota, que sua mãe e Zé Melancia fundaram a Caixa Mortuária que funciona até hoje: quando morre um dos membros, os vivos pagam uma cota, a fim de que cada sócio tenha seu caixão na hora da precisão.

Reencontramos o líder do arraial e da Colônia Z-10 nos versos do poeta, pois ele era aquele que vivia no meio do seu povo, narrava sua história e lhe dava sentido. Sua voz era lugar de afeto e de memória.

O bom pescador tinha a memória dos ventos, o bom contador, a memória das estórias que ouvia. Assim era Zé Melancia que, quando jovem, decorava os folhetos de feira para recitá-los a amigos e conhecidos: "lia romance decorado"[27]. A oralidade é que assegurava a coesão social quando os homens se reuniam nos botecos para beber aguardente e relembrar cantigas do mar, ou glosar um mote desafiador. "Ele fazia poesia no pé do balcão, no botequim. Na bodega de Juvência, trazia cantadores de Aracati, Itaiçaba, Jaguaruana…"[28] Zé Melancia não tocava instrumentos, mas tinha fama de glosador emérito. Francisco das Chagas Batista, conhecedor do assunto, ensinava que "o glosador inspira-se bebendo cachaça, como o cantador inspira-se tocando viola[29]." Melancia dava sua preferência à famosa cachaça do Cumbe, e no dizer de todos, quanto mais bebia, mais eloqüente ficava, mais apurada ficava a poesia: "Saía daqui para o Córrego com os colega, lá a gente se metia naqueles pagode e eu ia glosar, eles me convidavam pra glosar e eu fazia. Dando o mote, eu fazia" e mais

---

[27] Conforme declaração do poeta na entrevista já citada (cf. nota 1), encontravam-se folhetos à venda no mercado de Aracati, mas não eram de autores de lá, pois não havia quem escrevesse cordel no município, só ele.
[28] Niciano Freire dos Santos, entrevistado pela autora. Canoa Quebrada, 5/2002.
[29] In: Câmara Cascudo, *Vaqueiros e cantadores*, Rio de Janeiro, Ediouro, s/d., p. 126.

"eu cantei uns tempos, mas não me dei com a cantoria não, porque num era muito hábil, deixei, também num tocava viola". Foi o glosador, o repentista de boca que compôs esses versos melancólicos:

> Já fui forte e destemido
> Cantador de alta classe
> Já cantei face a face
> Com poeta garantido
> Com rima e verso medido,
> Na matéria e em repente,
> Quem fui eu antigamente,
> Quem estou sendo hoje em dia,
> Só resta da melancia
> A casca e uma semente[30].

Melancia gostava de lembrar que, desde pequeno, açoitava os outros meninos no repente, batendo numa tábua para marcar o ritmo. Muitos anos depois, foi publicada parte de uma peleja entre José da Rocha Freire e Assis Maracaba Chaves, de Limoeiro do Norte. Dessa vez, o poeta bateu no corpo da viola, só para dar o ritmo. Não encontramos nada impresso, mas a justa poética ficou na memória de quem ouviu falar dela ou teve acesso à sua transcrição em cordel[31]. Raimundo Rocha Freire comenta que o duelo foi travado no Córrego da Nica, de sete da noite até sete da manhã do outro dia, na casa de Geraldo Cláudio. Ele era criança na

---

[30] Cf. Eduardo Campos, "O cantador José da Rocha Freire, vulgo Zé Melancia", in: *Cantador, musa e viola*, Rio de Janeiro, Ed. Americana, Brasília, INL, 1973, pp. 49-58. Versos citados em epígrafe, p. 49.

[31] José Santana de Lima, Aracati (11/08/2002) e Raimundo Rocha Freire, Córrego da Nica, Aracati (07/07/2002), entrevistados pela autora, relembraram, décadas depois, trechos da briga, com um entusiasmo que atesta a admiração que a performance deve ter suscitado na ocasião do encontro.

época, mas decorou alguns versos a partir do folheto em que Zé Melancia registrou o feito.

> Maracaba: Melancia hoje você diga
> Em que planeta nasceu
> Você não é analfabeto
> Alguma coisa você leu
> Vou tomar conta da casa
> Que o duro daqui sou eu.

> Melancia: Admiro o Maracaba
> Um ser com tanto valor
> Para querer perseguir
> O pobre dum pescador
> Se eu apanhar não é feio
> E sim você o cantador.

Dizem que Maracaba, que era formado e sempre andava com um malote de livros, achava que Melancia não sabia de nada, mas o pescador não se deixou intimidar, como testemunha esse martelo agalopado:

Anda um bando de cantores pixote
Pelo mundo bancando ser pachola
Conduzindo um saco e uma viola
Só mentindo e dizendo que tem dote
E de livros eles carregam um malote
Mas não sabem o valor que tem um X
Na palavra de Felix faz feliz
Em um termo ele cresce e noutro míngua
São tão brutos que sujam com a língua
Os livros e a gramática do país.

Conta-se ainda que, nesse universo onde a voz tinha a primazia, Melancia foi guiado na arte de fazer versos por Raimundo Lopes da Rocha, do Córrego dos Rodrigues, violeiro cantador que vivia de sua arte e cuja voz era rouca, cansada, pouca, mas a rima cheia e o verso belo. Por sua vez, João Dimas[32], pescador e amigo de Zé Melancia cita Bem-te-vi, apelido de Antonio Rodrigues, Luiz Pereira, os irmãos Batista, Lourival e Otacílio "tudo foi no tempo dele, procuravam o homem, eles admiravam porque eles tinham estudo, eram formados, mas Zé Melancia era analfabeto, pescador. Ali parece que foi o dom que Deus deu pra ele." O poeta da praia não palmilhava os caminhos do sertão, de viola nas costas, atrás de desafios, mas, embora reconhecesse que não tinha a veia de cantar, foi pela cantoria que fez sua aprendizagem. Ele não cantava e não tocava viola, mas acolhia os "caçadores de duelos" nos botecos de Canoa, e lá mesmo, eles guerreavam, vozes roufenhas e ásperas a correr dunas. Com eles, deve ter aprendido a cantar a história da região, registrar os grandes feitos do homem, tornar-se memória viva. E como todos os cantadores e poetas de bancada nordestinos, demonstrou consciência e orgulho de sua inteligência, de seu papel de líder e testemunho, de seu prestígio.

Memória e oralidade constroem a peculiaridade da obra de Zé Melancia, sua marca autoral. Por vezes, torna-se delicado definir o que pertence à oralidade, o que pertence à escrita; e o limiar entre história e literatura aparece tênue, entramos e saímos da história sem grande sinalização, a memória é o fio.

As inflexões da oralidade marcam a obra de diversas maneiras. De vez em quando, Zé Melancia foge à cons-

---

[32] João Dimas da Silva, entrevistado pela autora. Canoa Quebrada, 5/ 2002.

tante rítmica do cordel que é o verso de sete sílabas. Influenciado pela liberdade dos cantadores no desafio, quando vão da sextilha ao martelo, não raro Zé Melancia passa de uma forma estrófica a outra no corpo do mesmo poema. Alguns títulos de folhetos revelam também a circulação de mão dupla entre oralidade e escrita como *A embolada da corrupção*[33] ou *Galope por dentro do mar nos peixes nos pássaros do mar na jangada*[34]. Na sua concepção, esse título alude ao galope à beira-mar e à sua variante elaborada pelo violeiro Simplício Pereira da Silva, cearense de Barreiras, que intitulou o novo gênero criado por ele para tratar de assuntos do sertão, galope por dentro do mato. O poema de Melancia se desenrola como se fosse exame de ciências naturais, lembrando certas modalidades de desafio em que o vencedor é aquele que sabe mais. O poeta-pescador mostra a ciência dele nos peixes. Aqui é seu reduto, ninguém o desaloja, é invencível.

> Eu que conheço os peixes
> De toda profundidade
> Pesquei quarenta e um anos
> Tenho especialidade
> Sei preparar a jangada
> Toda e sem faltar nada
> E sou poeta de verdade
>
> Vou fazer a planta da minha jangada
> Pra depois botá-la para a pescaria

[33] *A embolada da corrupção, dos escândalos, da carestia, do uso que vem prejudicando a pobreza e o mundo inteiro, já é o começo das dores.* Acervo Roberto Gaspar. Conjunto de poemas datilografados, inéditos, s/d.
[34] *Galope por dentro do Mar nos Peixes nos Pássaros do Mar na Jangada*, Aracati, Gráfica Freire, s/d. Acervo do Instituto José Freire d'Andrade, Aracati.

Pescando bom peixe de noite e de dia
Tarde muito tarde até de madrugada
Com anzol e isca com linha chumbada
Nylon grosso e fino bom de se pescar
Onde tem muito peixe pra gente puxar
Cioba, Dentão, Pargo e Sirigado
Albacora, Bonito, Cavala e Dourado
Eu faço galope por dentro do mar.

É do alto mar, fora da risca, e do mar de terra que o poeta traz um cardume de peixes de todas as cores e tamanhos, peixes peçonhentos e de carne boa. Todas as classes, espécies e gêneros deságuam nesse galope por dentro do mar, em delírio de inspiração zoológica, perícia de pescador e ousadia performática. Os nomes são de origem grega, espanhola, cearense, tupi..., o poeta traz na ponta da língua e na isca da linha a biquara e o barbudo, o cangulo e a cioba, a cavala e a serra, o bagre e o ariacó e outros peixes de registro sonoro e instigante, garaximbora, pirabanha e piranebebe, como fórmulas de segredos ancestrais, não registrados em dicionário, abecedário para o leigo decifrar o mar, senha de pertença que consagra o elo do poeta pescador com sua gente e nos faz sentir o quanto sua inspiração relaciona-se com os elementos de seu viver.

Agora eu peço a todos
Que perdoe o Melancias
Lá de Canoa Quebrada
Que luta com a pescaria
As linhas foram seus livros
E o mar sua Academia[35].

[35] *Lágrima de Mãe*, Aracati, Gráfica Freire, s/d. Acervo do Instituto José Freire d'Andrade, Aracati.

A temática é diversificada e foge a qualquer tentativa de classificação definitiva. No decorrer da leitura, a obra vai delineando suas próprias fronteiras, alguns motivos sobressaem, mas é o espírito do poeta-pescador que assegura a unidade do conjunto de textos. Parte da produção a que tivemos acesso revela uma sensibilidade passadista, marcada por uma visão maniqueísta em que o mundo organiza-se entre o bem e o mal, outrora e hoje. O poeta entoa loas ao passado, povoado de filhos respeitosos e esposas dedicadas. Velhos tempos e saudosas lembranças, quando se imaginava que os valores morais e católicos permaneceriam de pai para filho, e que pescadores e labirinteiras teriam sempre para quem repassar sua sabedoria.

Oh! Meu Deus pai amoroso
Dai-me luz flosfloricente
Para clarear as rimas
De um poeta combatente
Mostrando o mundo passado
Para o mundo presente.

Quem ler essa história vê
Aonde está o respeito
Que o mundo novo é sem freio
Não tem pudor nem conceito
Eu sou nisso um combatente
Porém não posso dar jeito[36].

É em tom de profecia que o poeta descreve secas e cheias periódicas que assolam a região, as catástrofes são castigos

---

[36] *História referente ao mundo velho*, Aracati, Gráfica Freire, s/d. Acervo do Instituto José Freire d'Andrade, Aracati.

Capa de uma das edições de *História referente ao mundo velho*.

História referente AO Mundo velho

O AUTOR

José da Rocha Freire
vulgo: Zé Melância

Poeta dos Verdes Mares

Impresso na Tipografia " O Aracati "
Cel. Alexanzito n.º 811 Aracati - Ceará

Outra capa de *História referente ao mundo velho*.

e quem acerta os ponteiros desse tempo bíblico é Deus. A desgraça tem suas comemorações e o poeta segue o refluxo da memória, memória das águas do Jaguaribe, no folheto *As bodas de ouro de 1924 que fala na cheia passada e na presente 1974*. Vemos o homem em casamento torpe com a natureza, quando abraça as *águas mil* que o submergem, longe do lar. Nas enchentes do rio, o futuro se esvai, o tempo se convulsa, enleando passado sagrado e presente trágico. É tempo de lembrar aos homens a força do encoberto, Deus, sua resposta proferida, sintética, aviso e castigo ao mesmo tempo.

> Eu sei que o homem penetra
> Nos feitos da natureza
> Mas sobre as coisas de Deus
> De nada ele tem certeza
> Deus tem seu segredo oculto
> O mundo inteiro é seu vulto
> No homem só tem fraqueza.

Mas o poeta não é só o arauto de um Deus punitivo e ameaçador, núncio do cataclismo final, ele é, antes, a testemunha ocular, o homem do lugar. Ele sabe que *a data pediu vingança* e que a história se repete, ouviu o que os velhos já diziam e reconhece nesse mesmo quadro de aflição *a herança da pobreza*. Os que fogem das águas, hoje, são filhos e netos daqueles que, há poucas décadas, tiveram que se abrigar na mata ou na matriz, em Fortim ou em Canoa, à procura de margens, à procura de chão que não esgotasse suas vidas no rio. Embora o relato não dispense um quê de moralismo sentencioso, ele não vira tragédia romanceada a serviço de intenção edificante e piedosa, ele é desgraça presenciada, vivenciada, datada. O poeta solicita a memória coletiva e comprova o caráter repetitivo e cruel dos açoites do real.

> Eu observei de perto
> Todo drama da enchente
> Em todo canto do Brasil
> A cheia maltratou gente
> Casas e barracas todas
> São recordações das bodas
> Que vinte quatro mandou
> Cinqüenta anos completos
> Recordam filhos e netos
> Que vinte e quatro chegou[37].

É esse observador atento ao mundo circundante que desperta o nosso interesse. Entre algumas histórias de criação e muitos versos sentimentais em que beleza e sofrimento, amor e dor não se dissociam, Zé Melancia deixou um acervo de textos ricos em valor documental e historiográfico de seu lugar e de sua época.

> Fiz poema do soldado
> Do engraxate e do barbeiro
> Do pescador e do sovino
> Do caçador e do coveiro
> Do carpinteiro e do ladrão
> Do mofino e do valentão
> Esse é do pintor pedreiro[38].

---

[37] *As bodas de ouro de 1924 que fala na cheia passada e na presente 1974.* Acervo do MIS, fita 7000430, s/d.
[38] *Poema do pintor*, in: Acervo João Dimas da Silva, Canoa Quebrada. Conjunto de poemas datilografados, inéditos, sem data.

Esses textos não foram publicados e lamentamos ter encontrado muito pouca coisa a respeito dessa galeria de retratos, sem nome próprio nem promessa de panegírico. A descrição da labuta do trabalhador anônimo ou dos infortúnios da prostituta, do criminoso, do sovina e do ladrão deixa entrever o cronista sensível à banalidade da luta diária e aos percalços da vida.

O pescador é presente. "De pescador, eu tenho tudo. De pescador, eu tenho o tipo de pescador quando ele chega do mar, e *naturalmente*, a luta dele. História de lagosta, só quem tem sou eu". Quantos naufrágios nesse "naturalmente". O de Bernardino em 51, o de Jerônimo em 65, quantas tragédias nessa luta eterna entre o mar e o homem, fraternos e hostis ao mesmo tempo. Namundo sublinha a coragem e determinação do pescador poeta, quando era preciso intervir para salvar vidas em perigo, no alto mar. Tibiro conta a história do fugitivo de Fernando de Noronha e de sua embarcação rebocada por Melancia, nas águas de Canoa; lembra também o dia em que o bote de Luiz Pidoca afundou e que foi ele de novo que, na volta de uma pescaria na risca, salvou os três colegas náufragos. Nesse calendário pouco rigoroso de torneios sem testemunhas, as grandes vitórias entram na história e nos versos do poeta, como essa do líder do movimento pela abolição da escravatura negra no Ceará, Francisco José do Nascimento, o Dragão do Mar, nascido em Canoa Quebrada em abril de 1839[39].

Nasceu em Canoa Quebrada
Esse herói jangadeiro

---

[39] Cf. Audifax Rios, *Dragão do Mar e seu Tempo*, Fortaleza, Livro Técnico, 2001.

Foi ao Rio de Janeiro
Em uma tosca jangada
Viagem muito arriscada
Pra derribar a escravidão
Nosso chefe da nação
Imperador Pedro Segundo
Ordenou que todo mundo
Lhe chamasse de Dragão[40].

Raids e grandes feitos são ditos com simplicidade, sem recursos ornamentais nem superlativos enfáticos, os nomes são verídicos, *It's all true* proclamou Orson Welles em 1942, ao filmar Jacaré, Jerônimo e Tatá navegando durante dois meses sobre seis paus de piúba, do Ceará até o Rio de Janeiro. As ações não precisam ser ampliadas, o real é desmedido, a valentia é histórica e não criada. O *raid* é desafio, aposta, gratuidade. É o que leva o prestígio do herói ao máximo e confere um sentido épico à travessia. A vida do jangadeiro toma as dimensões de uma gesta marítima e o canto do poeta das dunas nos remete a outras eclosões literárias: as lendas homéricas na voz dos aedos e rapsodos, a gesta carolíngia ao som da viola de jograis e menestréis, as epopéias sertanejas em terras mais novas, cavalos e jangadas a levar o destino de homens fortes nas brenhas de lutas incertas.

Nunca esquece a bravura
De Jerônimo e Jacaré
E do herói Bernardino
Que lutaram pela fé

---

[40] Poema sem título, acervo João Dimas da Silva, s/d.

Esses três heroínos
Dormem dentro da maré[41].

A gratuidade do risco nas apostas desafiadoras do *Raid dos pescadores cearenses. Dia 08 de dezembro de 1967* não apaga a coragem neutra do pescador que para enfrentar o perigo da faina, só tem sua robustez física e a nobreza de seu caráter.

Na luta do oceano
O pescador é um criado
Tem que partir obrigado
Vai a remo e vai a pano
Pelo pão cotidiano
Que é alimentação
Saibam bem que a precisão
É a maior disciplina
Por isso ele se destina
Trocar a vida pelo pão[42].

Promessa de dias melhores nessa luta pelo pão, a lagosta apareceu no final dos anos cinquenta, no litoral de Aracati. Desde então, o crustáceo é fonte de riqueza e de problemas não resolvidos que começaram em grande estilo, na década seguinte, com uma celeuma diplomática e folhetinesca entre o Brasil e a França. Seis grandes barcos pesqueiros do primeiro mundo tinham invadido as águas territoriais brasileiras, à altura do litoral nordestino e, conforme a imprensa da época, planejavam uma pesca devas-

---

[41] *Raid dos pescadores cearenses. Dia 08 de dezembro de 1967.* Acervo do MIS, fita 7000430, s/d.
[42] In: *Búzios e conchas de um poema.* O poema citado é *Ganha-pão*, s/d.

tadora, clandestina e rendosa. O litígio terminou com a retirada dos forasteiros. Quarenta anos depois, sabemos que os estoques de lagosta nos mares brasileiros são cada vez mais escassos e que a tradição pesqueira chega perto do fim. De lá para cá, outras formas de pirataria apareceram e a ilegalidade tornou-se rotineira. No entanto, nos anos 60, quando a lagosta estava no auge de seu ciclo econômico, "o poeta da lagosta" como ele mesmo se autoproclamava, lançou vários títulos de sua autoria acerca do assunto: *Os insultos da política da lagosta em Canoa Quebrada*, *Segunda história da lagosta*, *Exemplo aos pescadores de lagosta miúda e ovada*. Em *Primeira história da lagosta*[43], ele já previa o declínio do setor, chamava a atenção dos pescadores a fim de que fosse respeitada a legislação federal no tocante ao período de defesa da lagosta, e os advertia para não pescar na área da desova.

Sou presidente da colônia
A todos estou avisando
Quem vai zombar do poder
Sempre termina chorando
Logo assim perde o direito
É um jeito sem ter jeito
Quem errar fica penando.

O texto que se refere a "lei janista" e a "Dr. Jânio" data de 1961: "Essa história eu mandei pro Emílio Varola, foi a prelo essa história, naquela época de sessenta e um, Emílio Varola mandou seis mil cruzeiros, …quem me ajudou nessa aí foi os lagosteiros. Eles queriam mesmo que se espalhasse, aí eles me ajudaram. Foi um milheiro." Porta-voz

[43] *Primeira história da lagosta*. Acervo Roberto Gaspar, s/d.

do governo federal e do interesse dos lagosteiros que, nessa época, tinham a lagosta como principal produto de exportação da pesca extrativista cearense, o poeta aconselha o pescador "pra num matar ovada e miúda."

A autoridade de sua palavra decorria de sua credibilidade, da relação próxima que mantinha com seus conterrâneos, compartilhando o mesmo interesse pelos acontecimentos locais. Poeta e público participavam do mesmo enredo, lembravam o mesmo passado, e o juízo sobre o que se vivia não divergia muito. O presente e o pretérito, o individual e o coletivo fundiam-se na mesma dicção, expressão de uma mesma comunidade. O poeta era memória viva dessa terra.

Essa terra corroída pelo ar, a água, o fogo, onde a matéria se dissolve e o tempo foge, levado pela correnteza, essa terra ensinou a Zé Melancia o sentido do amanhã:

> O caminho dessa descida
> Que todo vivente espera
> Pode ser a maior fera
> Todo vivo perde a vida
> Tem entrada e não saída
> Pode viver mal ou bem
> Quem vai pra lá nunca vem
> Foi como eu disse a meu pai
> Hoje é o senhor que vai
> Amanhã eu vou também[44].

No cemitério velho, não há nomes, não há flores de papel. As cruzes de madeira pintada perderam suas cores. As datas se foram, algumas iniciais insistem. Em torno desse território varrido, sacos plásticos ficam presos nas cercas

---

[44] In: *Búzios e conchas de um poema*. O poema citado é *Amanhã*. s/d.

de arame dos terrenos à venda, ou voam a esmo, carregados pelo vento. O lixo se move.

O mar é testemunha. À margem do Atlântico, areia e pó misturados, a terra alta do cemitério velho de Canoa resiste. E o poeta também, como a voz do mar no nicho dos búzios, imortal, impalpável. Uma palavra que não esmaece, levada pelo Aracati, em ritmo de galope à beira-mar, rumo ao largo, entre idas e regressos de jangadeiros, cruzando cardumes de toninhas, protetoras dos náufragos. Pensamos nos versos de Zé Melancia, decorados por pescadores, familiares, amigos, guardados na memória poética e afetiva, livre de todas as erosões.

O mar é testemunha. Na morte do poeta, a praia se fez longe e perto ao mesmo tempo. A vida ficou mais lenta. O horizonte ficou em pé e a risca estremeceu. E do silêncio da planície profunda, uma voz se levantou, em forma de oração:

Ó Nossa Senhora dos Navegantes, Mãe de Deus, Criador do céu, da terra, dos rios, lagos e mares; protegei-me em todas as minhas viagens. Que ventos, tempestades, borrascas, raios e ressacas não perturbem a minha embarcação e que monstro nenhum, nem incidentes imprevistos causem alteração e atraso à minha viagem nem me desviem da rota traçada.

Virgem Maria, Senhora dos Navegantes, minha vida é a travessia de um mar furioso. As tentações, os fracassos e as desilusões são ondas impetuosas que ameaçam afundar minha frágil embarcação no abismo do desânimo e do desespero.

Nossa Senhora dos Navegantes, nas horas de perigo eu penso em vós e o medo desaparece, o ânimo e a disposição de lutar e de vencer tornam a se fortalecer.

Com a vossa proteção e bênção de Vosso Filho, a embarcação da minha vida há de ancorar segura e tranqüila no porto da eternidade.
Nossa Senhora dos Navegantes, rogai por nós.

BIBLIOGRAFIA

Álbum do Jaguaribe—1822/1922. Organizado por Eusébio de Sousa. Belém: Empreza Graphica Amazônia, 1922.

ALMEIDA, Átila Augusto F. de & ALVES SOBRINHO, José. *Dicionário bio-bibliográfico de repentistas e poetas de bancada*. João Pessoa/Campina Grande: Ed. Universitária, 1978.

Antologia da literatura de cordel. Coleção Povo e Cultura. V. I e II, Fortaleza: Secult, 1980.

Aracati: patrimônio de todos: roteiro para a preservação do Patrimônio Cultural. Fortaleza: IPHAN, 2000.

ARAÚJO, Nearco Barroso Guedes de. *Jangadas*. Fortaleza: Banco do Nordeste do Brasil, 1985.

BARROSO, Gustavo. *Praias e várzeas/Alma sertaneja*. Rio de Janeiro: Livraria José Olympio, 1979. Col. Dolor Barreira, vol. III.

———. "O labirinto em Canoa Quebrada" In: *Caderno de Cultura*. Fortaleza: Secretaria de Cultura e Desporto do Estado do Ceará. Ano I. Nº I. Junho/1979.

BATISTA, Sebastião Nunes. *Poética popular do Nordeste*. Rio de Janeiro: Fundação Casa de Rui Barbosa, 1982.

BRAGA, Renato. *Dicionário geográfico e histórico do Ceará*. Fortaleza: Imprensa Universitária do Ceará, 1964.

CÂMARA CASCUDO, Luís da. *Vaqueiros e cantadores*. Rio de Janeiro: Ediouro, s/d.

———. *Jangada*. Rio de Janeiro: MEC/Departamento de Imprensa Nacional, 1957.

———. *Cinco livros do povo*. João Pessoa: Ed. Universitária UFPb, 1979.

CAMPOS, Eduardo. "O cantador José da Rocha Freire, vulgo Zé Melancia" In: *Cantador, musa e viola*. Rio de Janeiro: Americana; Brasília: INL, 1973.

CANTEL, Raymond. *La littérature populaire brésilienne*. Poitiers: Centre de Recherches Latino-Américaines, 1993.

CARVALHO, Gilmar de. *Publicidade em cordel*. São Paulo: Maltese, 1994.

———. "Editoração de folhetos populares no Ceará". In: *Revista de Comunicação Social*. V. XVII. Nos 1 e 2, pp. 31-67. Fortaleza: UFC, 1987.

CASTRO NEVES, Berenice Abreu de. *Do mar ao museu. A saga da jangada São Pedro*. Fortaleza: Museu do Ceará/Secretaria da Cultura e Desporto do Ceará. Coleção Outras Histórias – 4, 2001.

COSTA, Edvar. "Zé Melancia – poeta popular". In: *Caderno de Cultura*. Fortaleza: Secretaria de Cultura e Desporto do Estado do Ceará. Ano I. Nº 1. Junho/1979.

COSTA LIMA, Abelardo. *Terra aracatiense*. Fortaleza: Biblioteca de História do Ceará. 2ª ed., 1979.

FIGUEIREDO, Wanda. *aqui canoa quebrada*. Rio de Janeiro: ed. da autora, 1979.

KUNZ, Martine. *Cordel. A voz do verso*. Fortaleza: Museu do Ceará/Secretaria da Cultura e Desporto do Ceará. Coleção Outras Histórias – 6, 2001.

———. *Expedito Sebastião da Silva*. São Paulo: Hedra, 2000. Coleção Biblioteca de cordel.

LIMA, Herman. *Imagens do Ceará*. Col. Os Cadernos de Cultura. Rio de Janeiro: MEC/Imprensa Nacional, 1958.

MARINHO CIRINO, Carlos Alberto. *Pescadores em terra: o caso Canoa Quebrada*. Dissertação de mestrado em sociologia do Departamento de Ciências Sociais e Filosofia da UFC. Fortaleza, 1990.

MENDES CHAVES, Luís de G. "Aspectos da estrutura ocupacional de uma região pesqueira do Ceará" In: *Revista de Ciências Sociais*. Fortaleza: UFC, 1972. Vol.III, Nº 1, pp. 63-76.

———. "Pesca artesanal no Ceará: Tecnologia, sistema cognitivo e relações de produção" In: *Revista de Ciências Sociais*. Fortaleza: UFC, 1975. Vol. VI, pp. 5-28.

MUZART-FONSECA DOS SANTOS, Idelette. *La littérature de cordel au Brésil. Mémoire des voix, grenier d'histoires*. Paris: L'Harmattan, 1997.

OLIVEIRA JÚNIOR, Gerson A. de. "Os perigos do mar: O imaginário dos pescadores Tremembé" In: *Propostas Alternativas*. Nº 9, Fortaleza: IMOPEC, 2002.

PEREIRA BARROS, Nelson. *Canoa e suas histórias*. Fortaleza: Fundação de Cultura e Turismo, 1990.

PIRES FERREIRA, Jerusa (org.). *Oralidade em tempo e espaço – Colóquio Paul Zumthor*. São Paulo: EDUC/FAPESP, 1999.

RIOS, Audifax. *Dragão do Mar e seu tempo*. Fortaleza: Livro Técnico, 2001.

ROCHA FREIRE, José da. *Búzios e conchas de um poema*. Fortaleza: Gráfica Editorial Cearense, 1978. Coletânea de poemas de Zé Melancia organizada por Júlio Bravo.

RONDELLI, Beth. *O narrado e o vivido*. Rio de Janeiro: Funarte/IBAC, Coordenação de Folclore e Cultura Popular, 1993.

ZUMTHOR, Paul. *A letra e a voz*. São Paulo: Companhia das Letras, 1993.

———. *Performance, recepção, leitura*. São Paulo: EDUC, 2000.

Galope por Dentro do Mar
nos Peixes
nos Passáros do Mar
na Jangada

Autor: José da Rocha Freire

(Vu'go José Melancias)

Galope por dentro do mar nos peixes nos pássaros do mar na jangada

Ouço os poetas cantando
Galope à beira-mar
Porém não descrevem os peixes
Porque não sabem pescar
Nem a jangada e nem as peças
E outras coisas diversas
Que tem pra poder rimar

Eu que conheço os peixes
De toda profundidade
Pesquei quarenta e um anos
Tenho especialidade
Sei preparar a jangada
Toda e sem faltar nada
E sou poeta de verdade

Galope nos peixes do mar e na areia
Eu vou enfrentando as ondas salgadas
Vou em bote, bateira, lancha e jangada
Vou ver a toninha, cachalote, baleia
Ouvindo a canção da linda sereia
Que vive nas água somente a cantar
O navegante de fora fica a apreciar
Nas águas do Índico, Pacífico e Atlântico
É lá onde passa o maior transatlântico
Eu faço galope por dentro do mar

Vou fazer a planta da minha jangada
Pra depois botá-la para a pescaria
Pescando bom peixe de noite e de dia
Tarde muito tarde até de madrugada
Com anzol e isca com linha chumbada
Nylon grosso e fino bom de se pescar
Onde tem muito peixe pra gente puxar
Cioba, dentão, pargo e sirigado
Albacora, bonito, cavala e dourado
Eu faço galope por dentro do mar

Vou pescar peixe prego, ferreira e guaiúbas
Só gosto do ponto aonde eu regulo
Pego cerro, trumbeta, biquara e cangulo
Xira, mariquita, ariacó e guarajuba
Mercador, pirambu, moréia e cambuba
Batata, papagaio, piranema e pirar
Macaça, traíra, solha e jacundar
Sargo, piolho, gato e piraúna
Beijo-pirar, agulha, agulhão e caraúna
Eu faço galope por dentro do mar

Guaxumba, carapeba, arengue e sardinha
Coró, canguito, bagre e camurupim
Pescada, cururuca, judeu e camurim
Saúna, cauípe, manjuba e tainha
Cabeça-dura, curvina, barbudo e mocinha
São peixes costeiros pra rede arrastar
Pampo, gerabebel, moré e sanhoar
Lixa, espadarte, arraia e cação
Toda essa família vem de tubarão
Eu faço galope por dentro do mar

Olho de boi, bicuda, boca-mole, espada
Tibiro, charel, enchova e moriongo
Baiacu, chancarona, galo-peixe e congo
Avoador, garapau, garoupa e rajada
Pena, garaximbora, sapé encarnada
Carapicu, zambaio, avoador padar
Tem bixeiro, araçanga, e arpão de arpoar
O lastro da jangada, bordas e nos meios
As mimburas e tornos que são seus esteios
Eu faço galope por dentro do mar

Olho de vidro e piranga vermelha e dentão
Lagartixa, palombeta, boto e vira-sai
Peixe-boi, tartaruga que corre na praia
Tem parum, badejo listrado e sabão
Morcego d'água, vidrado, xerro e pacamão
Frade, galosa que chamam carar
Tem pescada amarela, branca e tipuar
São nomes dos peixes também qualidade
Que vive nas águas de profundidade
Eu faço galope por dentro do mar

Mero, cação, viola, baiacu caixão
Pirabanha, piranebebe, budião pucheiro
Salema, saramonete, olhudo e bigodeiro
Polvo, lagarto, aniquim e camarão
Siri, chapa, mão-grossa, corona e furão
Chama-maré, mão-no-olho, estrela e guajar
Lula, buso, barata, taioba e imbuar
Loudo, cisco, água-viva, mole e caravela
Dá febre dá íngua quem se pegar com ela
Eu faço galope por dentro do mar

Eu vou dar início em minha jangada
Com fêmea, com macho, com torno e tamanca
Com remo e bolina, com banco e com tranca
Com lavagem bonito bem arrebitada
Pra ele nas águas da carretilhada
Os proeiros na corda começam a puxar
E o vento bem forte se dana a soprar
E o mestre no remo manobra com ela
Grita pro proeiro bote água na vela
Eu canto galope por dentro do mar

A jangada está feita no fim da semana
Precisamos de peixe pra nossa quimanga
Tem arabaiana e tem carepitanga
Aruanã e panã, caranha e uburana
A jangada é bem feita bonita e bacana
Botamos ela n'água e vamos pescar
Com rede e gereré também manguar
Nem fica nem manda nem manda nem fica
Com água e cabaça marmita e barrica
Eu faço galope por dentro do mar

A jangada tem tolete também toletinho
Tem forquilha e espeque e os calçadores
Aonde faz força todos pescadores
Tem terra e viagem e em todo o caminho
De dois ou três ou mesmo sozinho
Quem fica, quem vai, quem torna a voltar
Mata tanto peixe que enche o samburar
Quando chega em terra a raça está ativa
Empurra a jangada com rodas e estiva
Eu faço galope por dentro do mar

As águas lá fora são pretas e azuladas
E as águas da costa são sempre amarelas
Quem pesca é quem sabe, quem conhece elas
Das restingas, das riscas são esverdeadas
E as águas da linha são mais salitradas
Onde o golfim e o cachalote escolheu pra morar
Onde o agulhão de vela se dana a pular
Do alto pra risca tem pedra e parracho
Olhando de cima se vê tudo em baixo
Eu faço galope por dentro do mar

As águas do mar são forte e valente
Com a força do vento se tornam contentes
Preamar e o fluques que vai pra vazante
Baixar e refluques que leva pra enchente
As correntes marítimas vão pra o ocidente
As águas que vivem a se movimentar
Tem treva de vento pro tempo mudar
Experiência de inverno se é forte ou fraco
Levando o patriota ardentilha e tabaco
Encerrei meu galope por dentro do mar

São trinta e dois ventos os pontos cardeais
Tem os quatros da cruz sul este norte e oeste
Sudeste sudoeste noroeste nordeste
Esses oito ventos são os principais
Os quatros da cruz são os colaterais
Registrados na agulha que é de marear
Indicado da bússola e do aparelho radar
O piloto no ponto faz toda manobra
O ponteiro dá volta igualmente uma cobra
Eu faço galope por dentro do mar

A minha jangada é muito veleira
Correndo nas águas ninguém passa ela
Tem ligeira, tem mura, tem mastro, tem vela
Tem vela, tem mastros, tem mura e ligeira
Tem poita cabresto, tem a salgadeira
Marra o toaçu para afundiar
Espeque e araçanga pro peixe matar
Tem porquilha, cruseta e travessão e cabo
Para puxar corda o manso e o brabo
Eu faço galope por dentro do mar

Na minha jangada tem fura e carninga
O vento está bom vamos pegar isca
Na restinga no alto na costa e na risca
Na risca na costa no alto e restinga
Com engodo que soltam tem grande catinga
Ingodando o peixe pra se acostumar
Levante a tinhosa e o garapirar
São pássaros que vivem dentro da maré
Gaivota, tinhosa, pato e lavapé
Eu faço galope por dentro do mar

Pela marca da serra vou pra pescaria
Vou pra pescaria pela marca da serra
De dia e de noite olhando pra terra
Olhando pra terra de noite e de dia
Na marca da linha eu dou garantia
Chego qualquer hora mando afundiar
Com chuva com neve eu mando largar
Eu falo pra trinca vamos matar peixe
Um pega outro solta você não se queixe
Eu faço galope por dentro do mar

Canoa Quebrada

Eu moro em uma canoa
Toda coberta de dunas
São essas as ricas fortunas
Que o tempo lhe adoa
É terra de gente boa
Quem conhece lhe aprecia
Ali só reina alegria
O povo tem gentileza
É dotada da natureza
A terra de Zé Melancia

Eu moro em uma canoa
Sem ter vela, sem ter mastro
Sem ter quilha, sem ter lastro
Sem ter vela, sem ter proa
É redonda, velha e boa
Mas não via pra pescaria
Lugar pobre de valia
De um povo bom e distinto
Rainha do labirinto
Berço de José Melancia

Eu moro em uma praia
Que quando a maré descamba
O peixe vem dançar samba
Camurim, bagre e arraia
As ondas cor de cambraia
Não perdem seu movimento
São tangidas pelo vento
Quando na praia se estende
Ao longe a gente entende
Seu som como um instrumento

A minha praia é tão bonita
Mais lindo o seu panorama
Seu arrecife é como um drama
Quando dá início à fita
Todas as águas do mar se agitam
Com todo aquele fermento
Do mar com profundamento
Quando na praia se estende
Ao longe a gente entende
Seu som como um instrumento

Em minha Canoa Quebrada
Mora cabocla formosa
Que canta alegre e saudosa
No encalhar da jangada
E o bando da meninada
A gritar alegremente
À tarde vem muita gente
Para praia pitoresca
Comprar a peixada fresca
Para um jantar excelente

Essa canoa é muito antiga
Admira seus moradores
A terra é dos pescadores
Sem barulho, sem intriga
É a terra de gente amiga
Até quem não tem parente
Chegando qualquer cliente
A praia é tão pitoresca
Compre a peixada fresca
Para um jantar excelente.

Biografia de Canoa Quebrada.

ZÉ MELANCIA

Biografia de Canoa Quebrada

Eu como filho dessa terra
A Deus todo dia eu peço
Felicidade para nós todos
Graça amor e progresso
Como poeta apresento
A minha terra em verso

Tem filho dessa velha terra
Que não conhece de nada
Não sabe por que motivo
Chamam Canoa Quebrada
Eu declaro tudo em versos
Por quem ela foi fundada

Francisco Aires da Cunha
Capitão de mar-e-guerra
Vindo ele de Portugal
Destinado a nossa terra
Para fundar povoados
Da orla marítima à serra

Trazia ordem soberana
De dom Manuel de Portugal
No entanto o Capitão Aires
Procurava o litoral
Foi se entender com Jerônimo
O fundador de Natal

Aires da Cunha queria
Falar com Martins Soares
Jerônimo lhe respondeu
Martins está em outros mares
Nada disso impediu
O navegador dos mares

Jerônimo de Albuquerque
Deu a Aires toda nota
Capitão Aires da Cunha
Prosseguiu com sua frota
Sem saber que essa viagem
Causava grande derrota

Vinha muito à beira costa
Sem esperar foi chocado
Seu barco com uma pedra
Foi um caso inesperado
Na cabeça da Ponta Grossa
O barco foi arrombado

Foi na cabeça do norte
Que o barco se arranhou
Mas Aires com muito jeito
Finalmente retirou-se
Procurou ir mais à frente
Mas seu barco não deixou

Aires vendo que não dava
Procurou uma enseada
Então foi nessa velha praia
Que ficou denominada
Com esse nome até hoje
Que tem Canoa Quebrada

Em mil seiscentos e cinqüenta
Eu encontrei escriturado
Em um livro muito antigo
Daquele tempo passado
Eu li esse acontecido
Ainda tenho guardado

O barco estava na costa
Sem passar um só vivente
Depois passa um viandante
Aires lhe chamou presente
Disse o viandante a Aires
Daqui além mora gente

Daqui a mais de uma légua
Tem uma povoação
Com o nome de Aracati
Lá mora o velho Simão
Aires com seus tripulantes
Rumaram em direção

Aires da Cunha deu a Simão
O seu barco de presente
Simão dirigiu-se à praia
Trazendo um contingente
Para destruir o barco
Naquele mesmo ambiente

Barco para aquela gente
Era uma palavra à-toa
Aquele povo só conhecia
Batelão balsa e canoa
Então esse é o motivo
Do nome da terra boa

Vamos quebrar a canoa
Diziam os trabalhadores
Foi origem dessa terra
Que apresento aos senhores
Leiam essa biografia
Que serão conhecedores

Essa origem do passado
Eu trago em minha memória
Da minha terra querida
Eu escrevo a sua história
Quem antes não conhecia
Lendo me deram vitória

Está tudo esclarecido
Que a história representa
A origem de Canoa Quebrada
De mil seiscentos e cinqüenta
Também sua fundação
O poeta em nada aumenta

Canoa Quebrada também
Deu vulto de ilustração
Francisco José do Nascimento
Tinha o título de Dragão
Era o Chico da Matilde
Um herói da Abolição

Uma senhora ilustrada
Joaquina Cambugá Teixeira
Essa mulher tinha um título
De rainha labirinteira
Em renda e labirinto
Ela era de primeira

Tiveram outras personagens
Formadas em filosofia
Maestro, violinista
Mestre de carpintaria
O poeta dos Verdes Mares
Que é José Melancia

Preste atenção mocidade
Velho patrão e patroa
Leia a origem de Canoa
Terra de humanidade
Desde a sua antigüidade
Se ninguém não conhecia
O poeta José Melancia
Escreveu biografia
De sua terra amada

História da fundação do labirinto de 1850 e começo

Dos dados do labirinto
Vou apresentar seu evento
Para quem luta com ele
E não tem conhecimento
É uma indústria falada
Já de tanto movimento

Saibam que o labirinto
É indústria manual
É procedente da renda
Sendo outra original
Inventada por caboclas
Nascidas no litoral

É meu dever apresentar
O seu passado histórico
Ocupando os meus versos
Por esse meio flocórico
Para lerem e cantarem
Num bonito tom sonoro

Precisa elevar o nome
Dessa armadora primeira
Foi uma antiga senhora
Joaquina Cabugar Teixeira
Pois ela está intitulada
De chefa labirinteira

O início do labirinto
Foi precedido da renda
Trocando bilros e espinhos
A almofada era a tenda
Esse produto manual
Era de grande encomenda

A tenda de fazer labirinto
É um tear com os tensos
Joaquina Cabugar um dia
Tentou de fazer uns lenços
Desfiou os quatro cantos
Os trabalhos foram extensos

Terminou aquela obra
A saída foi medonha
Encomendaram um tipo grande
Já com o nome de fronha
A obra estava em começo
Mas o povo tinha vergonha

Só tinha que nesse tempo
Era muito larga a maia
Faziam peito de camisa
Também as barras de saia
Não tinha linho nem bramante
Era murim e cambraia

Era uso do começo
Também a ponta de toalha
Era tudo diferente
Para os que hoje trabalham
Se for voltar ao passado
Tem muitos que se atrapalham

Hoje há muita diferença
Daquela época passada
Essa indústria manual
Está no mundo espalhada
Mas saibam que a rainha
É a Canoa Quebrada

Deixamos a Cabugar Teixeira
A antiga veterana
Vinha de origem holandesa
Mas sendo filha praiana
Na profissão do labirinto
Tem título de soberana

A indústria foi aumentando
Cada dia com mais valor
Quem faz é quem não tem nada
Só é bom pra o comprador
O fabrico desse nas praias
Em família de pescador

Tem quem trabalha nessa arte
Até quase ficar caduco
Antigamente os balseiros
Que iam a Pernambuco
Comprar paus de jangada
No engenho Joaquim Nabuco

Lá trocavam labirinto
Por esses paus de jangada
Viajavam muitos meses
Com essa madeira embalsada
Esses negociantes eram
Filhos de Canoa Quebrada

Eram uns pobres aventureiros
Iam só lutar com a sorte
A viagem muito arriscada
Não tinham um bom transporte
Em mil novecentos e dezenove
Chegou madeira do norte

Voltamos ao labirinto
Com o seu nome vulgar
Colchas e guardanapos
Guarnição toalha de char
E toalha de banquete
Pra quem sabe trabalhar

Tem blusas e toalhinhas
Centro e coleção
Bico de labirinto
Saia branca e aplicação
São esses os nomes vulgares
Que todas feiteiras dão

Agora vamos aos pontos
Que no labirinto tem
Teoria das mais práticas
Quem conhece muito bem
O passado e o presente
Sendo de perto e de além

Precisa de tirar amostra
Com o ramo e bainha
Com meadas e carretel
Conforme a média da linha
Torcendo também enchendo
Fazendo flor e rosinha

Ponto milindro e de cruz
Ponto alegre e cerzido
São esses os detalhes certos
E o ponto mais preferido
Então sobre o labirinto
Está tudo esclarecido

O labirinto é muito bonito
Feito com curiosidade
Já foi inventada a máquina
Mas não teve utilidade
Essa indústria da pobreza
Se só fosse de riqueza
Custava uma infinidade

Enfim já mostrei ao mundo
De onde veio o labirinto
É uma indústria de pobre
Mas cabe em todo recinto
Essa riqueza é dos praianos
Faz cento e dezesseis anos
Nem foi e nem vai extinto

Quem escreveu esse passado
Foi o José Melancia
Poeta velho e afamado
Na rima e na poesia
Conhece Canoa Quebrada
A sua terra estimada
Desde o alto à maresia

Ganha-pão

Na luta do oceano
O pescador é um criado
Tem que partir obrigado
Vai a remo e vai a pano
Pelo pão cotidiano
Que é alimentação
Saibam bem que a precisão
É a maior disciplina
Por isso ele se destina
Trocar a vida pelo pão

Eu falo do pescador
Mas muitas vezes lhe defendo
Porque tudo eu compreendo
Porque sou conhecedor
Como grande lutador
Dessa velha profissão
Eu afirmo com razão
Que na luta tem ruína
Por isso ele se destina
Trocar a vida pelo pão

Ele enfrenta o mar bravio
Com o seu grande heroísmo
Sem temer aquele abismo
Nem o calor nem o frio
Nem o vapor nem navio
Que vive em perseguição
O pescador é um leão
Mas a fome é a disciplina
Por isso ele se destina
Trocar a vida pelo pão

Deixa os filhinhos chorando
Embarca em uma jangada
Com a vida tão arriscada
Ele triste imaginando
A Deus sempre implorando
Pedindo alimentação
Um pobre sem remissão
Pescar é sua doutrina
Por isso ele se destina
Trocar a vida pelo pão

Jangadeiros que aprenderam
Pescar unidos a seus pais
Não temem monstros vorais
Que seus pais nunca temeram
Vocês pescando nasceram
Nessa mesma profissão
Tem a luta por lição
Do mar na profundidade
Nenhum teme a bravidade
Lutando em busca do pão

Em todos pontos piscosos
Eles vão e não recusam
De lutarem não se abusam
São todos uns corajosos
Destemidos e valorosos
Tem herança do Dragão
Amam a sua profissão
Lutando de noite e dia
Molhado da maresia
A fim de ganhar o pão

O pescador confia na embarcação
Suspende do alto em uma noite preta
Olha para o espaço não vê uma planta
Para que ele rume em boa direção
Estão todos cobertos pela serração
Mas como é muito prático bota a navegar
O vento de fora começa a soprar
Pescador antigo não faz caminho torto
Depois vê a lua e a estrela do porto
Vem direto e encalha na beira do mar

Todo heroísmo do mundo tá no pescador
Enfrenta da costa restinga auto e risca
Com chumbada e anzol com linha e com isca
Dá prova que ele é um grande marcador
Quando chega no ponto do fundeador
Ele olha para marcos e manda fundear
Nos pontos marcados onde vai pescar
Não teme as ondas virar a jangada
Não tem hora do dia nem da madrugada
Tarde ou cedo ele encosta na beira do mar

Primeira história da lagosta

É essa a primeira história
Da tal lagosta falada
Das pescas do Ceará
É a mais valorizada
Do litoral à cidade
Da mais alta autoridade
Ela está sendo espiada

Sobre lagosta miúda
Vejam os admiradores
É a primeira história
Que apresento aos senhores
Lagosta miúda e ovadas
Estão sendo condenadas
Vejam bem, meus pescadores

Sendo para cumprir ordem
Prende-se até conterrâneo
O que não obedecer
Entra no subterrâneo
Não vá zombar nem sorrir
Somos obrigados a cumprir
A ordem do dr. Jânio

Veja qual é o castigo
Pro pescador mal-educado
Se trouxer lagosta ovada
Lá na praia ele é multado
Isso não é brincadeira
Vai procurar a carteira
Da pesca é eliminado

O pescador está vendo
Porque ele não estuda
É a mesma penalidade
Com a ovada e miúda
Ouçam bem pescadores
Quando cair nos horrores
Não digam, meu Deus, me acuda

Meça o tamanho da lagosta
Não queira fazer o contrário
Solte a miúda e a ovada
Seja mais humanitário
Vivendo ela vai dar fruto
Multiplicando o produto
Aumenta mais seu erário

Meça dezoito centímetros
É a medida legal
Você já está avisado
Cumpra a ordem federal
Valente em tudo é a lei
Para o bom caminho lhe guiei
Se não seguir passa mal

Aviso está estendido
Pelas praias do estado
Das trinta e três colônias
Tá todo mundo avisado
Ordem da Federação
Com sua fiscalização
Com o decreto firmado

Eu aviso meus pescadores
Não é coisa de intriga
O bom cumpridor de ordem
Em nada sente fadiga
O castigo está na vista
É decreto da lei janista
Se errar ele castiga

Agora aos pescadores
Vou dar uma explicação
Porque o mal-educado
Pensa que é presunção
Ninguém é absoluto
A melhora do produto
É para o bem da nação

Se você mata as miúdas
E as ovadas também
Enfim está acabando
Todo produto que tem
Quando procura nos lares
Pois é somente dos mares
Que este produto vem

Também não é que a gente
Faça tudo quando quer
Entra em um lugar pequeno
Mata criança e mulher
Faça nisso um bom estudo
Cem anos termina tudo
Então é esse o mister

Pescador pensa que a lagosta
É ametamorfoseada
Assim seria incerto
É engano ele é gerado
Tem os cinco pontos certos
Que seja longe ou perto
Aonde o bicho é criado

Os homens estudiosos
Didáticos em hidrografia
Esses é quem conhece o mar
Desde a linha à maresia
Estuda com atividade
Do mar a profundidade
Sabe onde o peixe se cria

Como bem seja a lagosta
Que habita no paracho
Eles têm conhecimento
Qual a fêmea e o macho
No cascalho ela se agasalha
Faz do lodo uma mortalha
Tempo em cima, época em baixo

Por isso é que eles são
Conhecedores do mar
Ainda mais têm aparelho
Conhecido por radar
Eles fazem a sondação
Dá certo com acusação
Sabem o peixe aonde está

Se o peixe é em cardume
Como uma união grêmia
Eles ficam conhecendo
Qual é o aparelho gêmeo
Logo assim é conhecido
Qual é mulher e o marido
Enfim o macho e a fêmea

No entanto eles conhecem
Quais são os peixes ovibros
Têm práticas das moradas
Dos seus terrenos vivibros
E os que não são moradores
Saibam assim pescadores
Que são os próprios ventibros

E certeza que esses sábios
Têm disso conhecimento
Onde as águas se movem mais
Devido à força do vento
Eles são práticos em tudo
Fazem um grande estudo
Do mar com seu movimento

Muitos pensam que é mentira
Só doido não acredita
Além do conhecimento
Eles trazem obra escrita
Vivem estudando o mar
Com o aparelho radar
Que pescador não imita

Conhecem o peixe que corta
E também o que corrói
Aqueles que são vorazes
O que encontram destroem
São enfim devoradores
Igualmente os malfeitores
Que não pensam no que dói

Esses homens que conhecem
Do peixe seu dormitório
O campo de residência
Como um circulatório
Vão e voltam novamente
Para o ponto residente
Como seja um escritório

O peixe é como a árvore
Segundo a história diz
Quem só tira fruto verde
Já fez árvore infeliz
Se começam a cortar galho
Quem é que corta o orvalho
Pra seiva banhar a raiz

Olhem pescadores de lagosta
Não matem ovada nem vinga
Não soltem a cabeça no ponto
Que faz enguiçar catinga
Arriba fêmeas e machos
Em busca de outros parrachos
Morar em nova restinga

Se o pescador fosse um homem
De culta mentalidade
Não precisava ele dar
Trabalho à autoridade
Pescador tu mesmo pense
O mar só a ti pertence
Zela essa propriedade

O governo até admira
Por ver o teu heroísmo
Tu enfrenta todo dia
Aquele profundo abismo
Faz um exame de consciência
Pois a tua competência
É pra ti um brilhantismo

Saibam bem que o oceano
É do governo da nação
Ele entrega aos pescadores
Que exercem a profissão
Pescador documentado
Com tudo legalizado
Que respeite a produção

Mas tem deles que entende
Que o mar e a lei é dele
O produto é relativo
O dono é quem pesca ele
Tem que respeitar a ordem
Se for cometer desordem
O castigo vem pra aquele

Já avisei os pescadores
De toda casta em geral
Todo mundo fica ciente
Que a ordem é federal
E quem não quiser sofrer
Trate em obedecer
Esse decreto atual

Sou presidente da colônia
A todos estou avisando
Quem vai zombar do poder
Sempre termina chorando
Logo assim perde o direito
É um jeito sem ter jeito
Quem errar fica penando

Pesquei há quarenta e um anos
Tudo foi tempo perdido
Nunca juntei mil cruzeiros
E fui pescador garantido
Hoje eu vejo um comboieiro
O bolso cheio de dinheiro
Fazendo frente em partido

Para o pescador lagosteiro
Tá melhor que a borracha
Esse mineiro de casco
É subindo sem ter baixa
O tempo com o tempo descobre
Chegou a época do pobre
Botar dinheiro na caixa

O pescador é porque
É sempre o mais cabeçudo
Não sei qual é o defeito
De querer terminar tudo
Mas ele agora se invoca
Ou solta a lagosta choca
Ou vai criar a miúda

As armadas do pescador
Eu analiso de perto
Ele quer tudo pra si
E que Deus mande direto
Matar a mãe e o que nasce
Finalmente nessa classe
Só tem muito analfabeto

O pescador não tem herança
É livre vive à vontade
Tem o mar a seu dispor
É rica a propriedade
Nada para os filhos e netos
Menos para os bisnetos
Morrendo não tem herdade

Finalmente dos pescadores
Eu já fiz uma acusação
Porém muito reconheço
Que nele existe razão
Pesca de noite e de dia
Matar é a profecia
Que dá honra à profissão

Só tem nome o pescador
Ativo demais
Enfrentar o oceano
Igual um leão voraz
Sua luta é uma guerra
Se botar produto em terra
Multiplica seu cartaz

Se matar peixe for pecado
Não se pode tomar cabo
A medida da lagosta
E sem a ponta do rabo
É o decreto moderno
Se errar vai para o inferno
Tá por conta do diabo

Vocês queiram me ajudar
Comprando esses impressos
Eu vendendo continua
Os mais ativos progressos
Coisa da nova fonética
Com minha idéia poética
Com mais oração nos versos

Em não ter letra admira
O poeta canoense
Meus versos são bem cotados
Do povo aracatiense
O mar foi meu professor
Quando eu era pescador
Tinha forte inteligência
Na pesca e na poesia
Sou eu José Melancia

Raid dos pescadores cearenses. Dia 8 de dezembro de 1967

Com referência ao raid
Peço atenção dos leitores
Para mostrar a bravura
Dos valentes pescadores
Que vão em busca de Santos
Esses cinco embaixadores

Os nomes dos cinco heróis
Eu descrevo em minha rima
Luiz Garoupa, João Rodrigues
Manoel Pio, José de Lima
Manoel de Januária
Todos seguem nessa esgrima

Deveria o raid ser feito
Com jangada de piúba
Ou mesmo de mulungu
Imburana ou timbaúba
Não com jangada de tábua
Feita com toro e tábua

Pois as jangadas de tábua
Não encostam em todo porto
Mesmo assim existe nela
Amparo abrigo e conforto
Em ser jangada de tábua
Alguém acha que está torto

Não que acuse defeito
Porque existe censura
Com jangada de piúba
É duplicada a bravura
Mesmo jangada de tábua
Não tem origem segura

Porque jangada é com remo
De leme é bote e bateira
Lancha, iate e barcaça
Vapor, navio, baleeira
Jangada de tábua é pontão
É diferente a madeira

Em muitos cantos querem ver
Cinco homens em uma jangada
Porque sendo de piúba
É coisa muito admirada
Porque não se vê conforto
Nem tem abrigo de nada

Nunca esqueça a bravura
De Jerônimo e Jacaré
E do herói Bernardino
Que lutaram pela fé
Esses três heroínos
Dormem dentro da maré

Manoel Olímpio, Jacaré
Foi o primeiro infeliz
Jerônimo realizou
Raid em outro país
Na capital Buenos Aires
Deixou sua cicatriz

Agora em sessenta e sete
O mestre Luiz Garoupa
A jangada Menino Deus
Comanda de proa à popa
A jangada tem conforto
Tem aonde guarde roupa

Não é como a de piúba
Digo com conhecimento
Não tem onde oculte nada
Porque não tem aposento
Tudo é posto no espeque
Exposto ao mar chuva e vento

Mesmo jangada pra raid
Deverá ser apropriada
Um mês ou mais a notícia
Da viagem aventurada
Mas é que essa embarcação
É seminova e usada

Mesmo pra quem conhece
A jangada é sem vantagem
Se fosse uma de piúba
Era uma dupla coragem
Desses rudes jangadeiros
Nessa arriscada viagem

Certo que de jangada
Só tem mesmo a armação
Porque jangada com leme
É um tipo a batelão
Alguém vai achar jangada
Parecida com um pontão

Armação é de jangada
Os toletes, bolina e vela
Bancos, espeque, calçadores
Isso é que bem compõe ela
Mas a jangada é piúba
Para enfrentar a procela

Deus queira que os viajantes
Façam feliz aventura
Já que eles vão lutando
Por uma causa futura
E o marechal Costa e Silva
Lhes dê toda a cobertura

Desse barco que pleiteiam
Com dona Iolanda Costa e Silva
Esperam ser atendidos
Na hora respectiva
Eles serão abonados
Não haverá negativa

Os embaixadores cearenses
Em nada sentem fracasso
Calculavam chegar em Santos
Daqui a dias de março
Depois de suas conquistas
Regressaram pelo espaço

Quando chegaram em Santos
O governador do Estado
Doutor Abreu Sodré
Como alto magistrado
Com os pescadores cearenses
Seguiram acompanhado

Também o presidente
Da colônia de Jurema
Senhor José da Florinda
De nossa terra de Iracema
Com José Severiano
Que representava o esquema

No Ceará nesse dia
Realiza a quarta vitória
Com esses cinco embaixadores
Que entraram em nossa história
Recordações dos primeiros
Que dias dormiam na glória

Eu encerro este assunto
Pra não causar confusão
Porque tem quem não conheça
Essa minha explicação
Sirva e siga pela meta
Dará valor ao poeta
Dessa terra do Dragão

Francisco José do Nascimento
Vulgo Dragão do Mar
Nasceu em Canoa Quebrada
Também viveu de pescar
Foi um vulto de garantia
Pra rimar é Melancia
Que herdou de José de Alencar

Naufrágio de Jerônimo, em 1965, no dia 16 de novembro, com 64 anos de idade, no mar de Fortaleza

Oh! Santa musa divina
Iluminai meu pensamento
Para eu contar o naufrágio
Que causou grande lamento
De um herói que não temia
Nem o mar e nem o vento

O mundo inteiro conhecia
Quem era o rei Jerônimo
De grande lobo-do-mar
Ele tinha esse sinônimo
Agora seus heroísmos
Chegou ao ponto parônimo

Nosso Ceará reclama
Por ter perdido o herói
O seu terceiro dragão
Que o oceano destrói
Com sua seta traiçoeira
Que em todo marítimo dói

Jerônimo André de Sousa
Seu nome verdadeiro
Ele em seus paus de jangada
Foi ao Rio de Janeiro
Era conhecido no mundo
Pelo Lobo Jangadeiro

Na era quarenta e cinco
Fez raid com o Jacaré
Tomou prática dos caminhos
Disse eu já sei como é
Fez outro por conta própria
Com toda coragem e fé

Jerônimo em cinquenta e três
Na jangada Assunção
Ele com quatro amigos
Foram enfrentar Plutão
Antes da viagem recebeu
O título de Capitão

Seguiu ele com Tatá
Manoel Frade e João Batista
Manoel Preto também foi
Para ser melhor conquista
Com o Presidente da República
Iam ter essa entrevista

Era o dr. Paulo Sarasate
Governador do Estado
E Jerônimo nesse dia
Por ele foi abraçado
E seguiu com os companheiros
No mar bravo assanhado

Com festejos e alegria
Era coisa admirada
Partiram cinco heróis
Naquela tosca jangada
Vieram diretamente
Para Canoa Quebrada

O presidente da colônia
Era José Melancia
Recebeu seus amigos
Na maior diplomacia
Então Jerônimo dali
Só saiu no outro dia

À noite Zé Melancia
Fez uma reunião
Ofereceu aos visitantes
Foi grande a recepção
Os alunos cantaram hinos
Com toda calma e atenção

Nesta oportunidade
Falou José Melancia
Pediu a Jerônimo que arranjasse
Uma aposentadoria
A fim de melhorar a classe
Que muito mal vivia

Partiu no outro dia
Cheio de satisfação
Enfrentando as ondas bravas
Na jangada Assunção
Se amarraram as cinco feras
Fazendo vez de dragão

Jerônimo aonde encalhava
Era levado nos braços
Tinha bons carros de luxo
Para poupar os seus passos
Ganhou patente e medalha
Sem lembrança de fracassos

Até que chegou o dia
De entrar no Rio de Janeiro
Ele foi logo à presença
Do governo brasileiro
Aí o Capitão Jerônimo
Recebeu muito dinheiro

O presidente Getúlio Vargas
Lhe prestou toda atenção
Jerônimo entregou a ele
Toda recomendação
Que vinha dos [...]

[...]
[...] bravos jangadeiros
Que o mar suas vidas poupou
E a jangada da vitória
Jerônimo lhe ofertou

Deu diversas entrevistas
Nada mais era surpresa
Depois de dias Jerônimo
Regressou a Fortaleza
Foi ficar no outro meio
Não quis saber de pobreza

Foi um dia de sábado
Que chegara na cidade
Eu como amigo enviei
Minha solidariedade
Mandei pelo amigo dele
Homem de honra e verdade

O velho amigo me disse
Que ele estava vice e verso
Montado na avareza
Julgando que era progresso
Fui vê-lo em sessenta e três
Porque fui para o Congresso

[...]
Jerônimo resolveu um dia
Entrar nas águas estrangeiras
Sem conhecer a fundura

Logo seguiu com seu raid
Com muito gosto e estima
Era ele, Manuel Frade
Luiz Garoupa e José de Lima
José Rebaldo
De uma praia ali de cima

Então Jerônimo partiu
Com sua força heroína
O que ele empreendia
Era ir pra Argentina
Venceu todas travessias
Sem em nada haver ruína

Seguiu em sua jangada
Cortando as águas dos mares
Então o lobo marinho
Procurava outros lares
Até que um dia chegou
Na capital Buenos Aires

Jerônimo levava guia
Do governo brasileiro
Mesmo assim é um dever
De quem vai pra o estrangeiro
Nessa viagem Jerônimo
Se fez de aventureiro

Jerônimo lobo-do-mar
Entrou no rio argentino
Admirou o estrangeiro
O seu valor heroíno
Entregou a missiva
Do governo Juscelino

A sua boa jangada
Jerônimo deu de presente
Também não sei dizer
Qual era o Presidente
Por isso a história não pára
Ainda segue pra frente

Jerônimo retirou-se
Daquele país argentino
Voltou para o Rio
Pra falar com dr. Juscelino
Pra receber seu presente
Por seu esforço heroíno

Jerônimo já vivia
O gozo da vida pública
Teve grande confiança
Do Presidente da República
Era um barco a motor
Mas tinha que assinar rubrica

Jerônimo veio a Fortaleza
Visitar sua família
Também se preparar
Com enxoval e mobília
Depois de uns tempos ele foi
Convidado pra Brasília

Foi Jerônimo receber
Do governo da nação
O barco que lhe venderam
Sendo pago à prestação
Pois os seus companheiros
Eram sua tripulação

Por isso mestre Jerônimo
Tornou-se um avarento
Não lembrou-se dos seus amigos
Na chuva, no mar, no vento
Todos eles fizeram parte
Do bem e do sofrimento

Trouxe o barco e não ligou
Nenhum dos seus companheiros
Aqueles que nas horas tremendas
Dos mais fortes aguaceiros
Estavam todos unidos
Vendo cair os pampeiros

Então no navio botou
Outra tripulação
Sem enxergar os amigos
Que lhe ajudou na missão
Daí nasceu o castigo
Da lei da compensação

Nunca ninguém nessa vida
Queira ser um orgulhoso
Mas essas coisas só nascem
Do cabeçudo e teimoso
É um dever sagrado
A gente ser caridoso

Foi Jerônimo pescar
Nas águas do Maranhão
Com dois débitos pra pagar
Primeiro da ação
A maior dívida que tinha
É da lei da compensação

Ele nem lembrava mais
Do amigo Jacaré
Aquele que há muitos anos
Dorme dentro da maré
Por teimosia Jerônimo
Naufragou-se em Itapajé

Depois que perdeu seu barco
Ficou em plena miséria
Isso é pra todos saberem
Que nós só somos matéria
Muito pior foi agora
Baixou pra tumba funérea

Tanto heroísmo e bravura
Daquele grande heroíno
Parece que essa gente
O mar marca seu destino
Como Jerônimo e Jacaré
E o famoso Bernardino

Bernardino em vinte e oito
Seguiu em rumo do norte
Jerônimo e Jacaré no sul
Todos tiveram má-sorte
E a recompensa do mar
Foi ele lhes dar a morte

Lembre bem quem foi Jerônimo
Naquele tempo de atrás
Que os rádios anunciavam
Suas bravuras e cartazes
Depois que ficou sem nada
Nele não falaram mais

A vida do jangadeiro
É comparada à maré
Se vaza ele está no seco
Se enche não toma pé
Isso veio de São Pedro
De Tiago e de Tomé

Jerônimo já estava passando
Muita privação de fome
Todos lhe abandonaram
Esqueceram do seu nome
Morreu o lobo-do-mar
Acabou-se vulgo e pronome

O mar toma as bravuras
De todo herói que trabalha
Começa comendo bom
Finda comendo migalha
Muitos têm ele por túmulo
E as ondas por mortalha

Na noite do dia quatorze
Jerônimo tinha sonhado
Lutando com o oceano
Ele muito encapelado
Dali descia para o fundo
E perecia afogado

De manhã ele contou
O sonho a dona Maria
Ele foi se aprontar
Para ir à pescaria
A mulher bateu com ele
Dizendo que ele não ia

Mesmo ele tinha febre
Ficasse pra repousar
Em casa não tinha nada
Nem pro menor almoçar
E o convite do destino
Lhe chamava para o mar

Os pés é que levam o corpo
Para cumprir sua sina
Saiba que a necessidade
É a maior disciplina
Todo mundo está sujeito
A sofrer essa ruína

No dia dezesseis de novembro
Jerônimo foi convidado
Pela ordem do destino
Como já estava traçado
Ele Magro e Zezito
Para morrerem afogados

Tanto que lutou com barco
E na praia de Aruari
Mas a sorte e o destino
Veio sepultar-lhe ali
Chegando o dia e a hora
Não tem pra onde fugir

Ele foi e a mulher ficou
Perturbada dos sentidos
Sem ela ter esperança
De avistar mais seu marido
Ele disse vou e não volto
Ver meu filhinho querido

E na jangada Lambreta
Jerônimo se destinou
Passou um dia, dois e três
E ele cá não mais voltou
A mulher disse consigo
Meu marido se acabou

Com certeza que morreu mesmo
O lobo de mais coragem
A mulher já viu chegar
A jangada com sua imagem
Em sonho alguém viu ele
Ligeiro como a miragem

Leitores, vejam esse exemplo
Que conta toda verdade
Todos três Capitão de raid
Estão na eternidade
O mar amortalhou eles
Na sua profundidade

Jerônimo nunca pensou
De morrer no oceano
Que lutou tanto com ele
Mas esse traçado plano
Isso não é da matéria
É ordem do soberano

Aqui pede desculpa
O pobre poeta sem posto
Nasceu no signo de Marte
Dia quatorze de agosto
Berço Canoa Quebrada
A terra que não dá nada
Por mais que seja disposto

Dragão do Mar – Filho de Canoa Quebrada

A minha terra querida
Eu venho representar
Velha Canoa Quebrada
Praia boa e popular
Foi lá aonde nasceu
O herói Dragão do Mar

Francisco José Nascimento
Seu nome era conhecido
Também Chico da Matilde
Era assim seu apelido
Manoel do Nascimento
Era seu papai querido

Nasceu em Canoa Quebrada
Naquela gleba praieira
Seu povo era do Fortim
Daquela terra altaneira
Mudou-se para Fortaleza
Prosseguiu sua carreira

Foi viver de pescaria
Lá na praia da Jurema
Chegou ser prático-mor
Na prainha de Iracema
De grande abolicionista
Ele tinha o seu emblema

Libertava os escravos
Que na praia apareciam
Botava uns no trabalho
E outros na pescaria
O patrão tinha notícia
Porém buscá-lo não ia

Foi o primeiro brasileiro
Que honrou a liberdade
Escravo de toda parte
Do sertão e da cidade
Ele libertava todos
Com a sua autoridade

Pra derribar a escravidão
Uniu-se a João Cordeiro
A convite de Patrocínio
Foi ao Rio de Janeiro
Falar com o rei dom Pedro
Pra acabar com o cativeiro

Foi falar pessoalmente
Não quis enviar mensagem
Levando a sua jangada
Fez essa longa viagem
Ele era um lobo do mar
Não lhe faltava coragem

Sua jangada de piúba
Ele levou no navio
Foi a bordo do vapor
Sem temer o mar bravio
Deu a jangada a dom Pedro
Assim que chegou no Rio

Declarou à majestade
O fim de sua missão
Dom Pedro admirou-se
De sua disposição
Em ver a sua bravura
Deu-lhe o título de Dragão

Chegando do Rio acabou
Com o desembarque de escravos
Os negociantes dos negros
Consideraram um agravo
Ele honrar sua palavra
Do seu grito heróico e bravo

Para salvar sua gente
Carregou pesada cruz
O Dragão era protegido
Dos poderes de Jesus
Por seu nome o Ceará
Chamou-se Terra da Luz

Todo ano em Fortaleza
Tem a festa da regata
Com muita jangada e bote
Lancha, barco e fragata
A fim de homenagear
O herói Dragão do Mar
Pela passagem da data

Canção da vida do pescador – Música da triste partida do sertanejo para São Paulo – Letra de José Melancia

Da vida da pesca eu tenho lembrança
E quando criança
Pescar me dispus
Pensava que era coisa muito boa
Hoje vivo à-toa
Carregando a cruz

Contava apenas dez anos de idade
E boa vontade
Consegui tal plano
Enfim foi perdida essa minha conquista
Terminei sem vista
Pelo oceano

Dei o primeiro início de contra-rebique
Depois pra rebique
Voltei mui ligeiro
Fiz experiência a vida era boa
De bico de proa
Subi pra proeiro

Com nome de mestre fui logo aclamado
Muito ambiciado
Por quem me queria
Meu nome vagava de herói destemido
Pra aqui conhecido
Em toda pescaria

Enfrentava as lutas do maior perigo
Sem temer castigo
Da infeliz surpresa
Tinha um heroísmo de experiente
Pescador valente
Pra toda defesa

Zombando e brincando com o mar e o vento
Todo movimento
Eu nada temia
O barco correndo e as águas batendo
Eu de longe vendo
Minha pescaria

Quando frondeava no alto ou na risca
Não faltava isca
Pra gente pescar
Arriava a linha, tinha bodião
Cioba e dentão
Cangulo e pirá

Puxava guaiúba, pargo e vidrado
Cherne, sirigado
Gatú, piraúna
Bicuda, biquara e a garaximbora
Impinja, albacora
Xira e sapuruna

O pescador moço quando é afamado
É muito invejado
E também perseguido
Começa a pescar em sua meninice
Chegando à velhice
Tá tudo esquecido

Se era bom mestre volta pra aprendiz
A sorte feliz
Negou-lhe o valor
Seu nome de herói tão alto hoje desce
Sempre isto acontece
Com o pescador

Assim vai passando dias e mais dias
Que das pescarias
Já perdeu o rumo
E faltando as forças você não persiste
Como está sem vista
Nem marca e nem fumo

Quando volta a terra no torno sem nada
[...]

Teimosia sobre o sol e a felicidade que não chega para o pobre quando chega ele morre nesse dia

Desde o tempo de criança
Que existe essa teimosia
Teima de grande porfia
Em nada eu vejo mudança
Tem uma tal de esperança
Que essa só chega tarde
Se ela existe é covarde
Viaja em outro transporte
Para o pobre não dá sorte
Nem também felicidade

Todo pobre é desprezado
Trabalha, mas nada tem
Só rico é quem vive bem
É um chefe potentado
Seu filho é bem educado
Na mais alta sociedade
Da maior capacidade
Tem uma vida de esporte
Só o pobre não tem sorte
Nem também felicidade

Pobre não tem agasalho
Sua morada é um ninho
É um pobre passarinho
Sem ter abrigo de um galho
Enfrenta o duro trabalho
Com toda necessidade
Rogando ao Deus de bondade
Pedindo que lhe conforte
Para o pobre não tem sorte
Nem também felicidade

Pobre é como um fruto murcho
Não tem filho no estudo
Do que é ruim herda tudo
Pobre nunca enche o bucho
Pobre não conhece luxo
Não cerca a sociedade
Pobre não tem vaidade
O carrego é seu esporte
Pobre não conhece sorte
Nem também felicidade

O pobre só veste estopa
O rico é no tropical
A malha boa e tergal
Pobre não usa essa roupa
O pobre não come sopa
Pobre não tem amizade
Pobre não mora em cidade
Seja no sul ou no norte
Para o pobre não tem sorte
Nem também felicidade

Pobre às vezes não come
Sua fazenda é de gato
Em casa só cria rato
Na praça ele não tem nome
A família passa fome
Ninguém lhe faz caridade
Essa tal necessidade
É sua amiga mais forte
Pobre não conhece sorte
Nem também felicidade

A pobreza é um movimento
Pobre é portão de cancela
Pobre é como chinela
Que pisa em todo fermento
Pobre é como jumento
Que nunca tem liberdade
Seu dono não mede idade
Dia e noite é seu transporte
Para o pobre não tem sorte
Nem também felicidade

Quando o pobre ganha o pão
Vai comer não sente gosto
O suor banhando o rosto
Uma dor no coração
Tem infarte e congestão
Pode afirmar de verdade
Termina na eternidade
Morar na casa da morte
Foi esse o dia da sorte
Também da felicidade

A embolada da corrupção, dos escândalos, da carestia, do uso que vem prejudicando a pobreza e o mundo inteiro já é o começo das dores

Vou dar início a meu drama
Com referência à pobreza
O mundo vai caminhando
Para uma estranha surpresa
Pobre vai morrer de fome
Só vai viver a riqueza

Lembrem as secas passadas
Que existia pouca gente
Muitas raças de animais
Ficou pequena semente
E ninguém sabe o que vem
Para nós futuramente

Muitos já esqueceram
Daquela calamidade
Vai no caminho dos dez anos
Da grande infelicidade
Que a seca em cinqüenta e oito
Assolou a humanidade

Também tem outras misérias
Que eu venho esclarecer
Tudo quanto é verdade
Não é crime alguém dizer
Aqueles que nunca viram
São quem não desejam ver

Uma miséria no mundo
Veja bem a carestia
Outra que muito pior
O grande fogo da orgia
É o império do escândalo
Que empolga noite e dia

Um dos maiores castigos
O mundo está merecido
O homem trocando a mulher
Mulher não liga o marido
Ele ouve falar dela
Não dá atenção nem ouvido

Assim vai esse mundo
Cheio de tanta corrupção
A liberdade é sem forma
Já é esculhambação
De tanta imoralidade
Que não tem aceitação

Biquíni, bermuda e short
Vestido tomara-que-caia
Calça justa, saia estreita
Tubim, calção, minissaia
Porém o pior escândalo
É o tal de banho de praia

Porque o banho de praia
É de onde surge a miséria
Ali ninguém não define
Delas qual seria mais séria
Com o lodo do escândalo
Que involucra a matéria

Mas esses usos mundanos
Tudo isso tá na moda
Já esqueceram de Deus
Dentro do fervor da roda
Tanta mulher seminua
Que o homem nem incomoda

Esses usos luxuosos
É da alta sociedade
Nem marido nem os pais
Não tem mais autoridade
A mulher hoje se domina
Faz tudo que tem vontade

Nosso mundo está metido
Em um profundo abismo
Quem vem conquistando tudo
É o uso do nudismo
Em muitas paragens já reina
Início do animalismo

Recorde aquele passado
Que destruiu-se Sodoma
Outra desumanidade
Foi na fundação de Roma
Quando chegar o castigo
Aí o mundo se adoma

Tudo já está bem perto
Não pense que é coisa tosca
Animal doido é abelha
Peste de mosquito e mosca
Junta peste, fome e guerra
Aí vai acochar a rosca

O mundo está sem domínio
Sem pudor sem consciência
Não há mais o amor próprio
Não respeitam a inocência
Se o mundo não dá castigo
Mas Deus toma providência

Não deverá ser tanto assim
Que o mundo tem seu estudo
Homem querer ser mulher
Merece um castigo agudo
Com uso do cabelo grande
Agora misturou-se tudo

Muitos atrasou o ganho
Foi do artista barbeiro
A mulher corta o cabelo
Pra vender por bom dinheiro
Homem cabeludo e barbado
É mau com o cabeleireiro

Todo castigo é para o pobre
Ele herda o sofrimento
Pobre vive é de teimoso
Que pobre é como jumento
Apanhando noite e dia
Porém não tem sentimento

Desperta humanidade
Que os dias vêm chegando
O jogo do vício e do escândalo
Também está fulminando
E o processo do pecado
Já vem se aproximando

Venho acordando a pobreza
Aleijado cego e manco
Se cair dois anos secos
De quatro pés fica banco
Pobre não usa havaiana
Torna voltar por tamanco

Acordam todos lavradores
Vão cuidar das suas hortas
Que a fome e a carestia
Andam rondando nas portas
Por causa de nossos erros
É que as coisas vão tortas

Vamos implorar a Deus
Que ele perdoe a nós
A vinda do pai eterno
Já está muito após
Será feliz nesse dia
Quem ouvir a sua voz

Quantos não vão criticar
Zombando do que eu digo
Guarde isso em lembrança
Vá esperando o castigo
Limpe a alma tire os lodos
Quando o mal vem é pra todos
Não tem pedido de amigo

Deus é o único perfeito
Não faz do direito errado
Mas o mundo de ganância
Não quer saber do passado
Mas a ordem do soberano
Quem errar dentro do plano
Vai pagar por seu pecado

A lei da compensação
Interroga a humanidade
Quem deve tem que pagar
Pela culpabilidade
Com Deus não tem quebra-galho
No céu só tem agasalho
Quem chegar com a verdade

Depois de cinqüenta e oito
O mundo tá muito bem
Dos sofrimentos passados
Não se lembra mais ninguém
Vivo e morto vai julgado
Procure um advogado
Deus não demora já vem

Estrela do mar

Todos artistas marujos
Que vivem de navegar
Fazendo do mar a terra
Outros que vivem a pescar
É preciso ser devotado
À santa estrela do mar

Essa estrela é importante
Tem forma de um aparelho
Quando o sol vem morrendo
Que o espaço fica vermelho
Só o devoto é quem vê
O cristal de seu espelho

O navegante devotado
Pelo espelho cristalino
Segue no seu rumo certo
Marcado pelo destino
Toda noite o navegante
Canta prece de seu hino

Todos que são devotados
Cumprindo essa devoção
Oferecem à santa estrela
Suas preces de oração
Para que a santa estrela
Rume em sua direção

Os navegantes enviam
À santa estrela mensagem
Como a verdadeira guia
Na mais longínqua viagem
Só os marujos devotos
Veneram sua imagem

Os marujos devotados
São quem tem felicidade
De filmar a santa estrela
No alto da imensidade
Nos mares bravos longínquos
De maior profundidade

De todos esses mareantes
A santa estrela é transporte
Nas noites escuras e tristes
Viagem do sul ao norte
A santa estrela divina
Guia caminho da sorte

Sejam bravos navegantes
Que lutam com o oceano
Sujeitos às feras marinhas
Naquele abismo tirano
Faz de seu barco a morada
E do mar um ser humano

Preste atenção navegante
Olhe para o oriente
Todos que são devotados
Vêem essa estrela na frente
Depois que o dia amanhece
A luz da estrela desce
Para o lado do nascente

Meus marujos navegantes
Que vivem de observar
O espaço, o sol, os ventos
Outros que vivem a pescar
É um astro da natureza
Fez tudo em sua defesa
E à santa estrela do mar.

Volumes já lançados da Biblioteca de cordel

Patativa do Assaré *por* Sylvie Debs
Cuíca de Santo Amaro *por* Mark Curran
Manoel Caboclo *por* Gilmar de Carvalho
Rodolfo Coelho Cavalcante *por* Eno Theodoro Wanke
Zé Vicente *por* Vicente Salles
João Martins de Athayde *por* Mário Souto Maior
Minelvino Francisco Silva *por* Edilene Matos
Expedito Sebastião da Silva *por* Martine Kunz
Severino José *por* Luiz de Assis Monteiro
Oliveira de Panelas *por* Maurice van Woensel
Zé Saldanha *por* Gutenberg Costa
Neco Martins *por* Gilmar de Carvalho
Raimundo Santa Helena *por* Braulio Tavares
Téo Azevedo *por* Sebastião Geraldo Breguez
Paulo Nunes Batista *por* Maria do Socorro Gomes Barbosa
Zé Melancia *por* Martine Kunz

Próximos lançamentos

José Francisco de Souza *por* Neide Gomes Ferreira
Manoel Monteiro *por* Fred Ozanan
Klévisson Viana *por* José Neumanne Pinto
Leandro Gomes de Barros *por* Joseph Luyten
Ignácio da Catingueira *por* Luis Nunes
José Gonçalves *por* Magna Celi de Sousa
José Honório *por* Maria Alice Amorim
João de Cristo Rei *por* Eduardo Diathay de Menezes

Adverte-se aos curiosos que se imprimiu esta obra nas oficinas da gráfica Vida e Consciência limitada aos 15 de dezembro do ano dois mil e cinco, composta em Walbaum de corpo onze ou doze, em papel off-set noventa gramas, com tiragem de um mil exemplares.